POCHE

LA DEUXIÈME CHANCE EN AMOUR

SYLVIE ANGEL
STÉPHANE CLERGET

LA DEUXIÈME CHANCE EN AMOUR

15, RUE SOUFFLOT, 75005 PARIS

www.odilejacob.fr

ISBN 978-2-7381-2037-3
ISSN : 1621-0654

À Fabienne

« L'amour est de tout âge.
Ses joies enivrent autant
Le jeune homme dans sa primeur,
Aux yeux qui s'ouvrent sur le monde,
Que le guerrier usé
À la tête grise ! »

Anton TCHEKHOV

« Il y a seulement de la malchance à n'être pas aimé ; il y a du malheur à ne point aimer. »

Albert CAMUS

INTRODUCTION

Nous avons tous plusieurs chances

Vous avez perdu pied après des amours passées et perdues qui vous font toujours souffrir, vous êtes désemparé, vous n'en sortez pas, vous n'imaginez même pas qu'une issue est possible. Avec l'homme qui est parti, avec la femme qui vous a quitté, il s'agit bien plus que d'une rupture, comme lorsque vous aviez 15 ans et pleuriez toutes les larmes de votre corps… pour exulter deux semaines après au bras d'un nouveau « petit copain », d'une nouvelle « petite amie ». Non, cette fois, il s'agit d'autre chose : c'est l'homme de votre vie qui n'est plus là, c'est la femme idéale qui s'en est allée. Et c'est surtout tout ce que vous avez vécu ensemble, toutes les années passées ensemble, le bonheur que, quand même, vous avez connu ensemble qui s'effondrent. Ce n'est plus qu'un château de cartes, des objets inutiles chez vous, des souvenirs heureux qui vous rendent triste, encore plus triste. Et toute votre existence, tout ce que vous êtes qui semble suspendu, inutile, vain. Qu'il y ait eu maladie, accident, départ au loin, divorce, voici venu le temps de la perte, de l'absence, du vide. Vous ne savez même plus qui vous êtes. Et surtout, surtout, vous n'envisagez même pas la possibilité d'un avenir. Vous n'en avez pas la force, vous n'en avez pas l'envie. Pire que le regret lancinant du passé, il y a l'angoisse de l'avenir. Pire que le manque de l'être aimé, il y a la peur de ne plus aimer et de ne plus être aimé. Vous pleurez d'amour, comme jamais, et pourtant, vous ne savez déjà plus comment aimer.

Peut-être êtes-vous déjà un peu sorti de la tristesse, de la mélancolie, du regret. Peut-être êtes-vous surtout en colère. C'est la faute à l'autre, le salaud. C'est injuste, après tout ce que vous avez donné. Peut-être avez-vous déjà trouvé des consolations, des compensations. Vous vous êtes jeté dans le travail, vous dévorez, vous êtes pris de frénésie d'achat, vous faites des heures de sport, vous vous abrutissez toute la nuit devant la télévision, vous vous jetez dans les bras du premier venu, sans pour autant avoir d'illusion. Juste pour oublier, pour compenser, juste pour passer le temps. Mais au fond de vous, le désert s'est installé.

C'est à toutes celles et ceux qui éprouvent ces sentiments que s'adresse ce livre. C'est un parcours que nous vous proposons, une méthode, un changement de regard, presque une mise en mouvement. Au lieu de sombrer dans la dépression profonde, dans la rumination et dans la plainte, dans l'amertume, avec le sentiment que jamais plus, vous ne connaîtrez l'amour, nous vous proposons de vous appuyer sur votre souffrance pour accomplir un travail d'introspection qui vous servira de tremplin pour vous reconstruire, pour retrouver un avenir, c'est-à-dire surtout une envie d'avenir, une force en vous qui vous fera aller de l'avant et à nouveau vous ouvrir à l'amour. Les anamorphoses, apparues à la Renaissance et très répandues en art aux siècles suivants, étaient de petits dispositifs visuels déformés qu'il suffisait de regarder sous un certain angle, selon une certaine perspective pour faire apparaître une forme cohérente, dotée d'un sens. C'est un processus de même type que nous vous proposons ici : apprendre à vous regarder autrement, alors même que votre regard sur vous-même et sur les autres est particulièrement sombre et désespéré, pour vous donner la force de bouger, d'évoluer, de vous transformer.

Sans cela, sans ce travail sur vous-même, vous ne créerez pas les conditions pour qu'un nouvel amour naisse, pour rencontrer à nouveau l'âme sœur. Qui peut affirmer en effet qu'on ne peut vivre au cours de son existence qu'une seule grande histoire d'amour ? Au lieu de vous désespérer, de vous enliser dans le regret et la plainte, ne convient-il pas que vous fassiez un travail critique pour faire la part entre ce que vous avez réussi et ce que vous avez raté, entre les souvenirs qui resteront chers à votre cœur et ceux que vous préférerez petit à petit oublier, entre vos attentes réelles et les injonctions auxquelles vous avez longtemps cru bon d'obéir ? Bref : aujourd'hui, qui êtes-vous ? Que retenez-vous de votre histoire passée ? Que devez-vous corriger ?

C'est le moment ou jamais. Tout dépend de vous. Nous vous proposons donc ces petits exercices sur vous-même, pour comprendre votre douleur et vos erreurs d'abord, pour créer les conditions de nouvelles rencontres et pour aborder plus sereinement, malgré votre fragilité, malgré vos peurs, malgré vos hontes peut-être, une nouvelle histoire prometteuse sans vous sentir paralysé.

Car, même si vous vous écriez que « non, non, c'est fini tout ça », vous ne pouvez vivre sans amour. Que vous le vouliez ou non. Alors, autant ne pas attendre. Autant créer dès aujourd'hui les conditions pour qu'il apparaisse. Vous en avez le pouvoir.

L'amour est toujours un ailleurs

Pour vous, peut-être le verbe « aimer » n'est plus associé qu'à une suite de souvenirs douloureux. Vous vous sentez condamné à ne plus éprouver ce sentiment magique qui fait vibrer le cœur et donne des ailes à la vie. La douleur vous a fait oublier la qualité suprême du sentiment amoureux. Votre cœur a été blessé. Pourquoi revivre des moments aussi douloureux, les attentes téléphoniques, les annulations de rendez-vous, la distance de l'autre, les déceptions ? Vous avez tellement peur d'être abandonné une nouvelle fois que vous préférez rester figé dans un attentisme qui cache souvent un renoncement à se donner une nouvelle chance d'aimer. Beaucoup redoutent ainsi les rencontres futures et se forgent une carapace pour éviter tout contact. La blessure a été si forte, parfois, qu'elle n'a pas cicatrisé et que l'on se sent fragile, presque invalide. À quoi bon ?

Or recommencer, revivre une nouvelle histoire d'amour, c'est prendre un risque, le risque d'un nouvel échec. On comprend que, peut-être, vous ne vous en sentiez ni la force ni le cœur. Aimer est un privilège, croyez-vous. Mais il n'est pas réservé aux « autres » ou ne dépend pas que de la chance. À vous de le reconquérir !

Quel que soit votre pays, quelle que soit votre ville, vous avez le pouvoir de construire une relation harmonieuse avec un partenaire. Vous avez du mal à l'imaginer, car votre situation vous maintient dans l'idée que tout est fini pour vous, que vous n'aurez plus jamais la chance de vivre une nouvelle histoire. Bien des femmes sont ainsi persuadées que le prince charmant est unique. Quand on l'a rencontré une fois et qu'on l'a perdu, tout s'écroule. Plus d'espoir ! En raisonnant ainsi, on reste enfermé dans un mode de pensée étroit, dont l'origine est souvent le contexte familial ou socioculturel dans lequel on a grandi. Et plus encore que la perte d'un amour précédent, plus encore que l'absence d'amour aujourd'hui, c'est cette pensée qui rend invalide et fait souffrir.

Mais, chaque pays, chaque ville a son prince. Chaque âge aussi. À Perpignan comme à Valparaiso, on peut rencontrer de nouveaux amis, avec lesquels quelque chose de neuf sera possible qui pourra évoluer vers une histoire amoureuse. Les vacances, les voyages et les déménagements vous déshabillent de votre quotidien, des défenses que vos habitudes vous procurent. Toutes ces situations vous rendent plus vulnérable, donc plus disponible pour rencontrer quelqu'un. L'imprévu est du voyage, l'amour est toujours une surprise. Il n'est pas difficile de se trouver un compagnon de voyage, en tout cas beaucoup moins que de s'en débarrasser... Laissez-vous faire. Rencontrer l'autre est possible, les occasions ne manquent pas. L'essentiel est ailleurs : ce qui vous manque, c'est d'être suffisamment ouvert pour vivre ce moment.

Ces déplacements ont le merveilleux pouvoir de vous éloigner de vous-même. Ils peuvent vous donner le recul nécessaire pour revenir sur vos précédentes histoires d'amour sans les ressasser, pour trouver un nouvel angle d'approche. Ce que Stendhal appréciait particulièrement dans les voyages, c'était l'étonnement du retour[1]. Le voyage que l'on fait nous défait et, au retour, tout le petit univers quotidien d'avant semble modifié. Votre travail, vos amis, vos endroits favoris, tout cela a légèrement changé, car c'est votre regard qui n'est plus le même. Voilà qui vous aidera à faire la lumière sur ce que vous avez vécu. La vie en soi est un voyage, de même que l'amour, qui ne se réduit pas à un voyage de noces ! Admettre cette idée vous permettra d'accepter la fin d'un amour comme la fin d'une étape avant d'en rejoindre une autre.

L'amour est toujours mouvement. Et l'ailleurs n'est pas seulement déplacement dans l'espace, mais aussi dans le temps. Il existe plusieurs personnes en vous qui fleurissent chacune à son heure. Ne pensez pas que vous resterez pour toujours une fleur que l'on a coupée et qui s'est flétrie. Ne croyez pas que, parce que vous n'aimez plus comme à 20 ans, vous n'aimerez plus.

Notre société nous dicte de faire des choix qui nous semblent d'abord définitifs, alors que notre personnalité est à peine construite. À peine sortis de l'adolescence, à peine au clair avec nous-mêmes, nous devons nous engager dans des études bien précises, dans un métier, dans un certain mode de vie. Et faire nos premiers choix amoureux. C'est à cette période, entre enfance et âge adulte, que notre soif d'absolu romantique flamboie. Nos premières amours nous emplissent de bonheur ou nous plongent dans des puits de souffrance. Elles garderont toujours un parfum, sucré ou amer, qui est propre à l'adolescence. Mais ce n'est pas parce que ces premiers choix nous ont menés sur des voies erronées que plus rien n'est possible et qu'il

1. Stendhal, *Voyages en Italie*.

faut en rester à la douleur de l'échec. Lorsque le temps passe, le regard que l'on porte sur cette phase change : on retient le souvenir positif et on efface le négatif.

Élisabeth est devenue une brillante journaliste. La quarantaine lui va bien et elle commence une carrière télévisuelle. Quelques mois après ses premières émissions, elle reçoit une lettre : « Ma Chère Élisabeth, l'Élisabeth D. (elle a changé de nom) qui apparaît aujourd'hui sur mon écran de télévision ne serait-elle pas la jeune fille que j'ai connue il y a vingt-cinq ans et qui m'a fait découvrir la passion ? »

En quelques secondes, elle est submergée par la reviviscence des moments passionnels vécus avec Hervé. Ils avaient passé un été ensemble, puis chacun était reparti avec sa famille. Ils s'étaient écrit tous les jours, puis un peu moins... Élisabeth ne se souvenait plus de la fin, mais elle avait gardé précieusement les lettres. Elle retrouve la lettre de rupture : Hervé avait rencontré une autre fille et Élisabeth vivait loin. Ils se revirent une fois pour se raconter ce qu'ils étaient devenus, sans éprouver ni l'un ni l'autre le besoin de se revoir encore.

Élisabeth, en relisant les lettres, se remémore son insécurité de l'époque, sa crainte d'être quittée, la souffrance de la rupture. Le temps avait simplement fait son travail et permis de conserver le meilleur de la relation. Non, Hervé ne s'était pas mal conduit même si, à l'époque, elle avait eu le sentiment de s'être fait plaquer violemment.

Avec le recul, elle trouve qu'elle avait vécu une très jolie histoire d'amour, gardant une certaine fierté de savoir qu'Hervé ne l'avait jamais oubliée.

Changer d'espace, plonger différemment dans le temps, voilà des moments idéaux pour suspendre son cœur et son esprit. Pour changer de perspective, analyser son passé amoureux et sentimental en général en se libérant de ses pensées d'avant et de réfléchir sur les années vécues depuis.

Mille et une façons d'aimer

Éros, le dieu grec de l'amour, portait dans son carquois plusieurs flèches. Chacune représentait un type d'amour. Le nombre de passions possibles paraissait infini.

Il arrive que vous ne soyez pas heureux en amour car le modèle du couple homme-femme fidèle, marié, ayant des enfants qui vivent sous le même toit et partageant des rôles codifiés n'est pas conforme à votre façon d'aimer, celle qui est en vous, que vous sentez confusément ou que, derrière votre insatisfaction, vous ignorez encore. Les modèles culturels qui dominent votre environnement comme les modèles parentaux peuvent vous empêcher d'aimer véritablement comme vous le désireriez. Beaucoup de gens s'y plient. « Quand on n'a pas ce qu'on aime, il faut bien aimer ce qu'on a[1] ! » Nous sommes ainsi légion à renoncer à l'amour, par crainte d'aimer autrement, par peur d'aller contre le modèle qu'on nous a inculqué. Chaque histoire d'amour est une œuvre d'art ; son caractère unique et éphémère en fait sa valeur. Ne copiez pas, lancez-vous !

---

1. Thomas Corneille, *L'Inconnu*.

Lucie surprit son entourage après son divorce en s'engageant avec un homme de seize ans de moins qu'elle.

Armelle, infirmière élevée à Versailles, trouva l'amour auprès d'un homme massaï dans un village où elle était partie en mission.

L'objet de votre amour ne se trouve pas toujours dans ce que vous a imposé l'éducation que vous avez reçue. On ne peut vraiment aimer quand on est trop sage. Avant de vous fermer, avant de verrouiller les portes donnant sur l'inconnu, écoutez attentivement votre cœur. Apprenez à lire dans vos rêves, ils vous apprennent beaucoup sur vous-même. Il existe d'autres voies, d'autres mondes. Peut-être l'un d'eux est-il ce qui vous convient. Ils méritent en tout cas d'être explorés. En amour, il n'y a que les honteux qui perdent[1]. Les variations que l'on peut jouer avec ses sentiments en tournant le dos à ses principes complètent la partition et enrichissent la musique amoureuse.

Le modèle du couple est bien sûr le plus classique. Il est le propre de l'homme et de quelques animaux, comme les loups ou les tourterelles. On cherche aussi à revivre le couple que ses parents ont formé ou bien à recréer celui, fantasmé, qu'on aurait voulu avoir avec son père, sa mère, ou toute autre personne sur laquelle on aurait fait son Œdipe. Mais certains ne supportent pas ne serait-ce que l'idée de couple.

Marc et Sophie forment un couple depuis dix ans, mais n'ont jamais vécu sous le même toit. Ils ont eu un

---

1. Molière, *Les Amants magnifiques*.

enfant qui vit en garde alternée avec toute la souplesse d'un couple qui ne se considère nullement séparé.

Dans les années 1970, à la faveur de certaines expériences communautaires, on a cherché à abolir la notion même de couple pour favoriser une liberté sexuelle du type de celle qu'on supposait aux sociétés plus traditionnelles. Ces tentatives n'ont guère résisté à l'exigence d'exclusivité qui va de pair avec l'amour humain. Il n'en demeure pas moins vrai qu'elles s'efforçaient de faire prévaloir le partage et l'échange sur la jalousie, laquelle recèle souvent plus d'amour-propre que d'amour pur.

C'est la situation de Corinne, qui vit avec deux hommes depuis trois ans. Quand elle a rencontré Yves, elle vivait depuis cinq ans avec Yann. La passion qu'elle a ressentie pour Yves, venu travailler dans leur ferme, s'est ajoutée à l'amour qu'elle éprouvait pour Yann. Celui-ci n'a pas pris contre lui leur attachement. Il a préféré partager plutôt que perdre. Depuis, ils s'aiment, vivent et travaillent ensemble.

Enfin, il y a celles et ceux pour qui, en amour, seuls les premiers moments sont plaisants et qui aiment multiplier les débuts d'histoires d'amour. On peut estimer que, dès que cela devient sérieux, ils fuient, qu'ils n'« assument » pas, ne veulent pas vraiment « s'engager »... Peut-être. Mais peut-être aussi ont-ils la sagesse de vivre à l'aune de leurs émotions, de leurs désirs. L'un des grands secrets de l'amour est de ne pas brider sa façon d'aimer tant qu'elle ne transgresse pas les interdits fondamentaux (inceste, viol, pédophilie) ou ne vise pas à leurrer ou à manipuler l'autre. Ce qui peut sembler n'être qu'un chemin de traverse devient parfois la route qui mène au bonheur.

Mais quand on sent qu'on fait fausse route, il ne faut pas hésiter alors à faire demi-tour, quitte à en emprunter d'autres voies. Encore faut-il ne pas se les interdire *a priori*. La mythologie gréco-romaine se voulait le reflet des passions humaines ; elle offre tous les modèles possibles des diverses façons d'aimer. À vous de trouver à quel dieu ou déesse vous vouer !

Dépasser les tabous

Dépassez les tabous, les interdits familiaux, les schémas classiques !

Les différences d'âge sont acceptées plus facilement lorsque l'homme est plus âgé que la femme. Dans certains milieux, un écart d'âge de trente, voire quarante ans ne choque pas et est même valorisant. Une vedette du showbiz épousant la fille de son meilleur ami fait la couverture de tous les magazines. On verrait plus difficilement une femme épouser le fils de sa meilleure copine. Et pourtant… Si l'amitié consiste à gérer les affinités, l'amour, c'est concilier les différences. Si l'on s'entend avec son semblable, c'est souvent son contraire que l'on désire.

« N'épouse jamais un homme plus jeune que toi », répétait Charline à sa fille Deborah. Le père de celle-ci avait deux ans de moins que sa femme… Pourtant, aux yeux de Charline, c'était une grande différence d'âge, car habituellement on épouse un homme plus âgé. « C'est comme ça. » Deborah avait donc épousé l'homme ou plutôt le gendre idéal. Elle avait fait plaisir à ses parents, mais elle s'ennuyait auprès de son époux. Elle se sentit encore plus mal lorsque celui-ci lui annonça qu'il la quittait !

Un peu plus tard, elle rencontra Jérôme qui avait dix ans de moins qu'elle. Elle ne comprit qu'il était amoureux d'elle qu'au bout de quelques mois lorsque toutes ses amies lui expliquèrent qu'il lui faisait les yeux doux. Cette différence d'âge était impensable pour elle ; la rupture future semblait inéluctable… La phrase maternelle était fortement ancrée en elle. Jérôme sut y faire, attendre, comprendre, respecter et aimer. Aujourd'hui, ils ont fondé une famille et sont très heureux.

Le contraire existe aussi, bien évidemment.

Un couple a été interviewé lors d'une émission de télévision : il avait 29 ans, elle 62. Ils vivaient ensemble depuis cinq ans. Leur histoire avait commencé par un véritable coup de foudre, lors d'une fête. Malgré l'opposition des enfants de Madame et des parents de Monsieur, ils avaient tenté l'aventure et filaient apparemment le parfait amour. Ils s'étaient habitués aux remarques des hôteliers : « Une chambre pour votre mère et vous ? » Elle en riait, elle qui avait renoncé à l'amour pendant si longtemps…

Différence d'âge, de couleur, de culture, de religion : il faut pouvoir faire ses propres choix avec ses propres valeurs. Mais il est important qu'il s'agisse d'un choix véritable et non pas d'une opposition aux valeurs familiales ou d'une loyauté secrète. On ne choisit pas « contre ».

Géraldine, prise entre les deux feux d'une culture juive par sa mère et catholique par son père, préféra épouser Mohamed et se convertir à l'islam. Elle avait passé sa vie à jongler entre les disputes de ses parents. D'où une troisième voie... à laquelle elle renonça quelques années après.

Caroline, dont le père allemand avait abandonné la mère, trouva une complicité dans les bras de Wilfried, d'origine autrichienne...

Combien de couples ont rompu avec leur famille d'origine qui n'acceptait pas leurs choix ? Combien sont ceux qui se sont vus bannis parce que leur compagnon ou leur compagne revendiquait des valeurs différentes ?

Malika fréquentait Jocelin depuis cinq ans. Ses parents, d'origine algérienne, faisaient comme si elle vivait seule. Ils ne posaient jamais de questions sur sa vie personnelle et Malika, pour ne pas les froisser, ne mentionnait jamais Jocelin. Ses parents avaient coupé les ponts avec deux de leurs enfants qui avaient fait un mariage mixte et Malika savait que le jour où elle serait enceinte, ses parents cesseraient de la voir.

Elle se fit aider sur le plan psychologique. Sa relation avec Jocelin était solide. Elle était très bien accueillie dans la famille de son compagnon. Jusqu'au dernier moment, elle espéra que ses parents évolueraient, changeraient d'attitude... Ce ne fut pas le cas.

Sautez le pas, ne laissez pas passer la chance, osez ! N'ayez pas peur des risques ! Se tourner vers l'avenir, c'est oser, c'est reprendre et refaire le chemin, parfois semé d'embûches, qui vous a conduit et vous conduira à l'amour, c'est surtout être à l'écoute de vos envies et de vos désirs. Quand vous aimez, vous n'êtes jamais perdant. Si l'on est aimé en retour, c'est miraculeux. Si ce n'est pas le cas, le fait d'aimer ne retire rien à ce que l'on est. Le soleil se plaint-il de briller pour des planètes désertiques et sans vie ? Il brille... De même, l'amour vous permet de rayonner, et tant pis pour ceux qui ne savent pas en profiter. « Aimer quelqu'un qui vous aime aussi, c'est du narcissisme ; aimer quelqu'un qui ne vous aime pas, ça, c'est de l'amour[1] ! »

L'amour partagé qui s'installe dans la durée est une denrée rare, croit-on souvent. Mais une fois les yeux ouverts, se tourner vers l'autre est plus aisé et les regards qui s'aiment finissent par se trouver. Rencontrer l'être qui nous correspond, c'est trouver, comme le dit Platon dans *La République*, la moitié qui nous complète. C'est aussi une question de chance qu'il ne faut pas uniquement attendre sans rien faire d'autre. N'hésitez pas à la saisir quand elle se présente. Le hasard fait un grand nombre de fois mentir ce qu'on pense être le destin. Avoir de la chance demande aussi de pouvoir s'adapter à l'imprévu. Ne laissez pas passer les bonnes occasions ! Encore faut-il les reconnaître. Et d'abord reconnaître qu'on est pluriel, que le temps vient révéler les différentes facettes qui vous constituent, ouvrant ainsi de nouvelles voies, de nouvelles chances, de nouvelles façons d'aimer.

Mais avant d'en venir là, avant d'en venir à tous ces avenirs qui s'offrent à vous, il faut panser vos plaies, faire

1. Frédéric Beigbeder, *L'Amour dure trois ans*, Paris, Grasset, 1997.

la paix avec votre passé, examiner ce qui, dans vos choix, relève de vous, tel que vous êtes aujourd'hui, et d'autres influences, notamment familiales et sociales. Bref : vous connaître un peu mieux. L'objectif, nous le répéterons souvent, n'est pas de vous dénigrer encore plus. Mais d'identifier vos erreurs et leurs raisons pour cesser de les reproduire. N'oubliez pas que l'objectif ultime est de vous reconstruire autrement, de vivre une nouvelle histoire, enfin libéré de ce qui peut-être a obéré ce que vous venez de vivre.

I

NON, TOUT N'EST PAS FINI

CHAPITRE 1

Panser les plaies du cœur

Un seul mot envahit votre cœur et votre esprit : c'est fini, fini, fini, et le vide, le silence font instantanément le lit au chagrin. Il s'est en allé, ou c'est vous qui êtes partie ; elle vous trompe, ou c'est le contraire, votre mariage se brise, l'un des deux meurt, et tout s'en va, vous perdez pied, rien n'est plus comme avant, tout se brouille. Vous avez envie de disparaître sous terre, de ne plus faire que pleurer, vous pensez que vous n'aurez plus jamais la chance de revivre une nouvelle histoire d'amour, vous sentez que plus personne n'aura le désir de poser les yeux sur vous. Comment croire encore à l'amour ? Comment croire que vous pourrez encore aimer et être aimé ?

Toutes les aides qui se proposent, vos amis, votre famille ou ce que vous lisez dans les magazines, ce que vous entendez dire dans les émissions de télévision ne vous servent pourtant à rien. Tout, tout semble vous renvoyer à votre douleur, à la perte : les lieux, les gens, les livres, même votre appartement. Et vous-même aussi quand vous vous regardez. Il vous paraît impossible de passer d'une histoire à une autre aussi facilement que les gens célèbres qui affichent leurs ruptures partout. Mais elles servent surtout à attirer l'attention sur eux. Et vous, vous sentez que c'est exactement le contraire. Rien ne marche, vous restez plongé dans le noir. La tristesse, la solitude vous envahissent. Vous rêvez de vous réveiller un matin après une bonne nuit de sommeil (elles sont d'ailleurs de plus en plus rares) enfin réconcilié avec vous-même, heureux, optimiste. Vous rêvez d'un miracle. Jamais vous n'avez autant aimé la personne qui n'est plus là, même quand vous hurlez de rage. Jamais vous n'avez autant cru au prince charmant. Et jamais il ne vous a semblé plus loin. Il n'y a pas de guérison spontanée. Quel en est le prix ?

Laissez-vous aller au chagrin

Le chagrin doit devenir un mouvement qui se fait en vous pour sortir du tunnel, pour vous en libérer. Une fois guéri, vous pourrez aller de l'avant. Vous serez alors en mesure de vous contempler tel que vous êtes vraiment, une femme que vous avez laissée endormie au fond de vous, un homme qui n'est pas encore éclos. Et l'énergie qui renaîtra le jour où vous trouverez cette femme et cet homme enfouis en vous semblera magique.

Mais pour que ce mouvement se lance, il importe que vous interrogiez d'abord votre chagrin. Qu'est-il arrivé qui a plongé tous vos sentiments dans l'ombre ? Le chagrin vous plonge dans la souffrance, mais d'où vient cette douleur si intense ? Pour pouvoir sortir de la souffrance, il convient d'abord de l'accepter. D'accepter de pleurer, de crier, d'être en rage. Mais aussi de scruter cette souffrance.

Quelles que soient les conditions du chagrin d'amour, la perte, l'absence, le deuil, on peut vouloir le rejeter avec colère, faire comme s'il n'était pas là, opter pour le déni. Mais non, vous deviendrez, et parfois pour assez longtemps, triste, fatigué, pessimiste. Rien ne vous intéresse plus, votre confiance en vous disparaît. Tout ce qui faisait battre votre cœur semble avoir disparu et c'est comme si on vous avait amputé. La cicatrice est lente à venir. Parfois, la souffrance est si forte qu'elle paralyse le cœur : aimer de nouveau, ce serait prendre le risque de souffrir de nouveau. On préfère alors renoncer à toute nouvelle histoire d'amour.

L'amour contrarié et la dépression vont de pair. La dépression et la souffrance qu'ils entraînent sont liées à la notion de perte. Dans une séparation, on perd toujours l'autre et un peu de soi-même. Quand on aime, on donne. Quand on n'est plus aimé, cette possibilité de don disparaît. Survient alors un vide, une impression d'amputation. La convalescence prend du temps et nécessite une énergie que l'on ne possède plus.

Les hommes se remettent mieux et plus vite après un divorce que les femmes. Peut-être parce qu'ils ont moins souvent les enfants à leur charge et ont donc moins à se débattre avec les problèmes matériels qui vont de pair. Mais n'est-ce pas dû aussi à un rapport différent à l'amour ? Les hommes auraient plutôt tendance à prendre et les femmes à donner, pensent certains. C'est peut-être cette possibilité de donner qu'il est le plus dur de perdre, comme si on devait renoncer à une partie de soi, comme si on se retrouvait avec un « corps mort » en soi que l'on doit chasser pour qu'un autre y prenne vie.

Il faudra du temps pour laisser la cicatrice se faire, pour retrouver la partie de vous qui semble disparue, envolée. Vous aurez l'impression d'avoir perdu votre temps, parfois d'avoir gâché des années de vie commune. Les situations de deuil mises à part, se séparer passe pour un échec, plus ou moins intense, selon la durée de la relation amoureuse. Mais pourquoi juger toute histoire par sa fin ? Toute votre vie n'est pas devenue un échec parce que l'amour est mort. Ce qui compte, c'est que l'histoire ait existé. En l'autre, il y a toujours une partie qui méritait d'être aimée, même si cet autre aimait mal. Même avec un doute, après coup, même si l'autre que vous aimiez ne le méritait pas, réjouissez-vous d'avoir vraiment aimé. À cet égard, il n'y a pas eu échec.

Admettez de vous ennuyer

Parfois, l'ennui viendra vous envahir. Vous aurez beau faire, impossible de le chasser ! Le temps passe, les journées défilent, comme inutiles. Vous songez alors aux promenades que vous faisiez, aux soirées à bavarder, aux voyages, aux petits moments de joie vécus ensemble, au plaisir des sens éprouvé ensemble. Et ce sont autant de pincements douloureux dans vos journées et vos soirées désormais désertées. Et cela renforce encore votre sentiment d'ennui. La séparation a entraîné un changement brutal. Même si elle était prévisible. Que faire désormais ? Et surtout à quoi bon ? Tous les comportements, tous les moments qui faisaient la substance de votre relation amoureuse n'ont plus lieu d'être. Vous vous sentez démuni, embarrassé de vous-même, inutile. Et vous vous ennuyez. L'élan vital a disparu. Vous vous transformez presque en gisant. Que cette suspension de l'ennui soit mise à profit pour ne rien faire d'habituel, pour accomplir des choses que vous n'osiez pas faire jusqu'à présent... ou pour ne rien faire, pour cesser de « faire » afin d'« être », tout simplement. L'ennui qui étire le temps remet les pendules à l'heure. Il est un instrument essentiel pour la découverte ou la réinvention de vous-même qui s'impose. Plus de comportements balisés ; et à la place, rien encore, et même pas la force d'avancer. Petit à petit la redéfinition va venir.

Après la séparation, rien ne vous fait plus plaisir. Ni ce que vous faisiez avant avec tant de joie, ni même ce que vous aviez rêvé de faire. Vous vous consolez peut-être en vous disant que, maintenant, au moins, vous allez pouvoir dormir plus tard alors qu'elle était plutôt lève-tôt, sortir avec des amis alors qu'il était casanier, écouter votre musique à vous, ne plus avoir à supporter ses matchs de foot sans arrêt... Mais quel intérêt ? Maigre consolation. Vous n'en avez même pas le goût. Ne plus avoir de plaisir à rien vous laissera cependant le temps de panser vos plaies, de vous réparer et de vous réinventer.

Parfois aussi, cet ennui est une réponse à une certaine forme d'angoisse, l'angoisse de mort. On comprend facilement qu'un deuil entraîne et accentue ce type d'angoisse. Il en va de même après une rupture. Cette dernière, tout comme un simple déménagement, nous rappelle la finitude des choses. C'est aussi ce qui explique le blues du dimanche soir : il marque la fin d'un cycle, le week-end qui malheureusement se termine. Comme quand on a beaucoup investi dans l'éducation des enfants et qu'ils deviennent grands et s'en vont. Il faut passer à autre chose... En outre, l'engagement amoureux permet d'oublier cette angoisse de mort : on s'aime à la vie à la mort, avec toujours une certaine dose de sentiment d'éternité. C'est peut-être même ce que nous y cherchons. Que l'intensité du sentiment amoureux nous donne l'illusion qu'il va durer. Alors, une fois l'amour détruit, le cœur blessé, l'angoisse prend à la gorge : vous avez l'impression de mourir, l'impression que tous vos sentiments ont plongé dans l'infini du temps perdu.

Halte au déni

Pour conjurer tout cela, vous pouvez chercher à faire comme si de rien n'était. Il reviendra, d'ailleurs il revient toujours ! Ce n'était qu'une passade de plus, pas de souci. Il faut bien savoir pardonner. S'il est mort, vous continuez à lui parler comme s'il était encore vivant, à le chercher à vos côtés le matin après avoir rêvé de lui. Dans les films qui vous font pleurer il y a toujours un *happy end*, alors, pas de raisons de s'affoler, de s'inquiéter… Non, ça va aller. Vous allez tenir le coup et tout redeviendra comme avant.

> La femme de Paul découvre qu'il la trompe et elle parle de divorcer. Paul s'étonne : où est le problème ? Garder sa liaison et sa famille, pourquoi pas ? En fait, Paul n'aime plus sa femme, mais il ferme les yeux. Il fait tout pour que la souffrance ne vienne pas. Comme si l'amour fini, le chagrin d'amour n'existait pas.

Dans la rupture, vous pouvez aussi vous cacher les yeux avec un autre bandeau ; vous feignez d'être indifférent à ce qui se passe, à la séparation même, aux conséquences qu'elle entraîne. Vous gelez vos sentiments, vous refusez de revoir ce qui s'est vraiment passé dans votre

histoire, vous faites comme si la raison avait régné du début à la fin, sans mettre au jour les défaites et les échecs de la relation elle-même.

La trentaine passée, Clémence a quitté Johan après cinq ans de vie commune. Sa décision a été réfléchie, raisonnée. Pas de tristesse. Pas de colère, ni de regret, ni de nostalgie. « Johan aussi pensait que c'était mieux pour lui. Il n'y avait plus rien entre nous », insiste-t-elle d'un air rassuré. À la suite de cette rupture, Clémence a connu quelques aventures d'une ou deux nuits avec des hommes qui ne l'ont jamais rappelée. Deux ans après : « Je n'ai pas grand-chose à dire d'autre sur cette séparation. Je m'étonne pourtant d'être toujours seule et de ne rien avoir connu depuis. » Elle végète.

Son frère lui conseille de venir nous trouver. Inconsciemment, Clémence refuse d'accepter l'idée de perte. Elle n'exprime aucun sentiment qui irait à l'encontre de sa décision. « J'ai agi sous le contrôle de ma volonté, je n'ai donc aucun regret à avoir » : voilà ce qu'elle nous raconte. Mais cinq ans de vie commune avec un homme ne s'effacent pas d'un trait de plume. En niant toute perte, Clémence a gelé tous ses sentiments. Elle qui est bloquée, comment pourrait-elle recommencer à aimer ? Nous avons pu l'aider à se souvenir de son histoire passée, de ses attentes déçues, de ses regrets. De l'ambivalence de ses sentiments vis-à-vis de Johan.

Avec notre aide, Clémence a pu se retourner sur sa vie passée, l'examiner avec un autre regard, revoir avec son cœur ces cinq années désormais défuntes. Elle a ainsi retrouvé ses émotions, ses sentiments qui étaient jusqu'alors paralysés par le déni, par son acharnement à faire comme si la souffrance liée à la séparation n'existait pas.

Ses yeux se sont ouverts, et Clémence a pu ainsi repartir dans la vie, s'ouvrir à l'avenir. C'est précisément ce nouveau regard sur les gens, sur le monde et d'abord sur elle-même qui lui a permis de croiser d'autres promesses de bonheur.

Ou bien encore, vous brûlerez toutes les photos, vous jetterez de rage ce que vous aviez acheté ensemble, vous refuserez de voir les amis que vous aviez en commun. Vous déménagerez, vous couperez toutes les voies du souvenir. Plus question de lui parler ou d'en entendre parler. Vous ferez comme si l'autre qui n'est plus là n'avait pas existé. Mais cette présence en creux, cet autre que vous niez et refoulez n'en continuera pas moins de peser de tout son poids. Car en procédant ainsi, c'est d'une partie importante de vous que vous tentez de vous couper. Et il n'est pas possible de vous reconstruire dans ces conditions. Dans un premier temps, ne jetez rien. Mettez de côté les photos, les lettres et tout ce qui vous rappelle votre histoire d'amour. Au fond d'un placard, à la cave, ou ailleurs, chez vos parents par exemple.

Il s'est avant tout brisé quelque chose en vous, et pour que votre cœur sache comment recoller les morceaux, il faut qu'il puisse les reconnaître et les retrouver. Pour ce faire, il faut interroger votre chagrin, revenir encore plus précisément sur ses traces et prendre le recul nécessaire pour ne pas faire des ruptures des blessures qui restent ouvertes à tout jamais. Le chagrin, vous venez de le voir, a bien des visages, et le chemin pour retrouver la joie est long, mais ne doutez jamais de vous. Vous trouverez la force nécessaire pour guérir.

Souffrir n'est pas un mal nécessaire. Mais pour s'en débarrasser, il faut regarder la souffrance en face, l'affronter. Si vous faites comme si elle n'était pas là, elle s'agrandira, et vous risquerez d'y perdre une partie de vous-même. Beaucoup de gens refusent cependant d'accepter la perte, la souffrance. Ils gardent les yeux fermés. Et leur entourage s'en étonne. Rester dans le noir est une forme de refuge, un moyen pour ne pas faire face à la réalité de la douleur. On s'aveugle en attendant vainement quelqu'un qui est parti, qui a disparu, d'une façon ou d'une autre. Certains privilégient ainsi le sur-place plutôt que d'aller de l'avant, ce qui implique bien sûr de souffrir. Et d'en sortir.

> Flora, plus de deux ans après sa rupture, continue à espérer le retour de son ancien ami alors qu'il l'avait quittée pour une autre. De ce fait, elle n'est pas disponible pour aimer à nouveau.

C'est le « syndrome » d'Adèle H., la fille de Victor Hugo, personnage joué par Isabelle Adjani dans le film de François Truffaut. Un homme la quitte, leur relation n'étant pour lui qu'une parmi d'autres. Après la rupture, Adèle continue d'imaginer cet homme près d'elle, jusqu'au délire, jusqu'à la mort.

Hurlez votre colère et comment ne pas vous y enfermer

Souvent, après avoir refusé d'ouvrir les yeux sur ce qui a induit la rupture, la colère vous prend à la gorge. Qui est le coupable ? Où se cache-t-il ? Vous devenez agressif, vous ne supportez plus rien, vous avez envie de vous venger, de lui, de la rivale, de sa famille. Si elle est morte, c'est de la faute des médecins, ou de sa faute à elle, qui vous a abandonné. Vous mettre en colère, c'est montrer les dents pour que le chagrin d'amour arrête de vous faire du mal. Vous reprendrez pied, vous retrouverez votre énergie après tant de torpeur. Vous commencerez à regarder la réalité des faits en face.

Rester dans la colère est un avantage : vous pouvez ainsi remplir le vide créé par le départ de l'être aimé. Son départ vous fait perdre la part de vous-même qui se trouvait en votre partenaire. Comment éviter la perte ? En la comblant par de la haine.

> Anne ne pardonne toujours pas. Après un divorce difficile son ancien mari reste encore celui qui a détruit leur amour et leur famille. « Je continue à le haïr, à essayer de lui nuire. » Cela veut parfois dire haïr tous les hommes. La chance de vivre une nouvelle histoire d'amour s'éloigne d'autant. Il vaut mieux ne pas laisser trop longtemps place à la colère.

Si vous êtes désormais jaloux, envieux, votre colère sera toujours aussi intense. Exemples parfaits : voir l'homme de sa vie retrouver le bonheur auprès d'une autre, constater le désir des enfants de le voir. Cela vous

« tue », cela vous rend fou. Vous enviez tous les couples, vous protestez à l'injustice. « Il m'a fait souffrir, et maintenant il s'éclate avec une autre. » Mais cela joue aussi si c'est vous qui êtes parti et qu'elle a refait sa vie. Caché derrière l'envie, on trouve du ressentiment, mais aussi la crainte de ne pas réussir, un sentiment d'infériorité qu'on supporte mal. Mais si l'autre a pu retrouver le bonheur, pourquoi pas soi ?

Ne laissez pas la colère et ses filles rester trop longtemps en vous. Réduisez les autres contrariétés, les responsabilités qui seraient trop lourdes et pourraient vous maintenir dans l'agressivité. Choisissez des activités qui vous font plaisir. Sortez de la colère contre votre conjoint passé. Sinon, elle risque de s'étendre et de déteindre sur votre entourage. Elle deviendra une prison. Cessez de l'insulter et de le menacer. Faites plutôt entendre votre colère sans culpabiliser auprès de quelqu'un qui est de votre côté. Videz votre ressentiment tout haut en regardant sa photo. Écrivez-lui. Écrire soulage.

Mais faites surtout des choses que vous ne faisiez plus avant votre séparation et que vous aimiez auparavant. Renouez avec ce que vous étiez avant cette histoire qui a mal fini.

« J'ai repris le dessin que j'avais abandonné parce que je n'avais pas le temps. » Grâce à ses crayons, Anne-Sophie a canalisé avec une magnifique sauvagerie toute la fureur de ses sentiments. De même Jane : « J'ai repris des cours de théâtre. » Elle excelle dans les rôles de femmes en furie.

Du bon usage des remords et des regrets

Quittez aussi le remords, les regrets. Si c'est vous qui êtes partie, il est rare, durant cette période de tristesse, que le remords ne vienne pas vous infliger quelques morsures au cœur. Vous vous en voulez d'avoir provoqué la rupture, d'avoir fait souffrir cet homme avec qui vous avez partagé plusieurs années. Avec lequel vous vous étiez engagée par les liens du mariage, peut-être. Vous avez des remords quand vous entendez vos enfants implorer que vous vous remettiez ensemble.

Si vous ne pouvez pas éviter que les corbeaux du remords ne volent au-dessus de votre tête, vous pouvez cependant les empêcher de faire leurs nids dans vos cheveux. La première étape est de confier son remords. Il est plus facile à confier que la honte car il est lié à un comportement, à un acte, parfois très précis, alors la honte touche davantage l'ensemble de la personnalité. Ne diabolisez pas trop ce remords, sachez qu'il n'est pas inutile. Parlez-en. Demandez pardon à celui ou à ceux que vous avez blessés. Cela ne veut pas dire que vous souhaitez faire machine arrière, ni que votre choix n'est plus valide. Mais simplement que vous prenez en considération la souffrance d'autrui et qu'elle vous importe. Malgré ce repentir, il n'est pas du tout certain que l'on vous pardonne tout de suite, mais vous vous serez fait du bien. Et cela peut permettre au pardon de venir un peu plus tard. Ne vous sentez pas obligée de critiquer vos attitudes charitables. Il n'y a aucune honte à avoir des attitudes altruistes. Nous vous conseillons par ailleurs d'essayer de vous souvenir de personnes qui vous ont blessée par le passé.

C'est alors l'occasion de leur pardonner. Vous aurez ainsi plus de facilité à vous pardonner à vous-même, et vous serez plus légère face à d'encombrantes rancunes. C'est en ce sens surtout que le remords sera constructif pour vous.

Mais vous avez peut-être du remords alors que c'est votre partenaire qui a provoqué la rupture. « C'est de ma faute. Si seulement je n'avais pas fait ça... je suis nul. » Vous en voulez alors à vous-même. Vous l'avez poussée à bout ; vous l'avez trompé. Cessez de considérer que cette rupture qui vous confronte à la tristesse et à la solitude est un châtiment. Beaucoup de femmes ont tant de facilité à se sentir coupables qu'elles éprouvent du remords même quand leur compagnon est particulièrement manipulateur. Il parvient à les convaincre que, s'il les a trompées sans vergogne ni relâche, c'était entièrement de leur faute à elles. Apprenez à repérer ces manipulateurs, ces hommes humiliants pour les éviter définitivement. Sans remords ni regrets, cette fois.

Une fois l'histoire achevée, la rupture subie, vous ferez souvent une découverte amère : votre union n'a pas ressemblé à ce que vous imaginiez au moment où votre amour est né. Vous vous en voulez de vous être trompé. Vous regrettez le bonheur qui aurait pu être le vôtre si vous n'aviez pas commis cette « erreur ». Ces regrets peuvent être utiles car ils donnent un certain recul et les désillusions nous aident à dépasser les apparences. Il ne faut toutefois pas se laisser dévorer par eux. « Tous les hommes sont menteurs. » « Toutes les femmes sont intéressées. » Plus personne ne trouve grâce à vos yeux.

En premier lieu, voici la conduite à tenir pour l'éviter : remémorez-vous ce qui a pu combler vos attentes passées. Et, au-delà, ce que vous n'osiez même pas espérer jadis, alors que vous étiez fillette par exemple. Souvenez-vous de tout ce qu'il vous a été donné de vivre. De ce premier rendez-vous, de cette nuit qui ne ressemblait à aucune autre parmi celles que vous aviez vécues, de cette soirée où vous vous êtes sentie la plus belle au monde, de ce jour où elle vous a fait faire quelque chose dont vous vous croyiez incapable, et de ce fou rire, et de ces larmes qui parlaient d'amour. Bien sûr, après une rupture, il est sans doute moins douloureux de penser à ce qui n'a pas eu lieu qu'au bonheur perdu. Mais ces moments de bonheur ou simplement de bien-être ou de tranquillité font et feront partie de vous à jamais : la séparation ne les a pas fait disparaître. Fermez les yeux et visualisez-les. C'est un peu douloureux, mais ils sont bien vivants en vous. Vous pourrez ainsi renouer le fil de ce que vous avez vécu, des bons moments. Et les regrets vous aideront à affiner votre jugement pour d'autres expériences et à aller de l'avant. Si vous avez connu de tels instants, pourquoi pas à nouveau demain ? Non, tout n'est pas noir. De nouvelles histoires sont possibles, sans trop les idéaliser pour ne pas avoir à revivre les mêmes désillusions. Vous en êtes digne. Ne laissez pas la personne que vous étiez occuper tout votre esprit. Pensez désormais à vous comme vous êtes maintenant. Et quand les regrets sont trop intenses, il faut aller à la recherche de plus anciens encore :

> « Trois ans après, dit Justine, j'étais toujours envahie par le regret de mon histoire d'amour avec Xavier qui avait duré moins de deux années. » En examinant en détail cette période, Justine dut reconnaître qu'il y avait eu beaucoup plus de bas que de hauts. Certes, l'amour se loge dans les histoires les plus troublées. Mais dès le début, il y avait entre Justine et Xavier des incompatibilités majeures qui rendaient très prévisible aux yeux de l'entourage la rupture à moyenne échéance.

En fait, en creusant l'histoire de Justine, son attachement passionnel, durant toute son enfance, à son frère, de deux ans son aîné, se révéla. Histoire de couple impossible bien sûr et qui ne put jamais se dire. Quand son frère se maria avec une Brésilienne et alla vivre avec elle dans ce pays, Justine tomba gravement malade. Elle fut hospitalisée à plusieurs reprises pour des problèmes gynécologiques atypiques sans qu'aucun lien ne soit fait avec ce départ. C'est la prise de conscience et l'analyse de ses sentiments incestueux qui ont permis à Justine d'en finir avec ses regrets pour Xavier qui lui servaient de cache-misère.

Ne cédez pas à la honte

La phase dépressive est la plus longue, vous pouvez donc y rester plongée facilement. Elle s'affichera par votre tristesse, votre fragilité, votre manque de confiance, la perte de votre estime de soi. Votre lassitude, votre désintérêt, votre nostalgie, votre pessimisme. Votre besoin d'être aimée est intense, mais que faire alors que vous évitez les autres ? Vous pensez que personne ne peut rien pour vous, vous en êtes indigne, vous vous méfiez. Vos comportements d'échec ruinent toute relation amoureuse, même si l'une d'elles se présente.

Chez la personne délaissée ou lassée que vous pouvez être, d'autres sentiments vont venir tenir compagnie à votre tristesse au gré de votre cheminement affectif avant que celle-ci ne s'atténue, ne s'efface. C'est d'abord la honte : honte de n'avoir pas pu « garder » cet homme ou le rendre heureux ; honte du « perdant » que vous êtes puisqu'on vous a abandonné pour un autre ; honte d'être abattu, de ne plus montrer une image sans faille de vous-même ; honte de vous être emportée dans la colère ou d'avoir été aveugle si longtemps ; honte d'être encore seule ou de toujours l'aimer. Une fois la nature de votre honte connue, nous ne saurions suffisamment vous recommander de vous en ouvrir à des personnes de confiance. Toute honte exprimée est à moitié éliminée. Et votre interlocuteur apportera sa pierre en vous disant combien ce que vous ressentez n'est pas justifié.

Tournez le dos à vos impressions négatives et rappelez-vous tous vos motifs de fierté : celle de l'avoir connu et de lui avoir plu, celle de l'avoir sincèrement aimée, celle d'avoir eu des enfants avec elle. Fierté de ne pas être allé jusqu'au bout de la colère qui aurait pu être la vôtre ; fierté aussi de l'avoir quitté quand il le fallait ou, à l'inverse, de ne pas l'avoir quitté pour préserver votre famille. Évitez ou remettez à leur place ceux qui par leurs remarques attisent vos sentiments, ceux qui vous demandent régulièrement si vous avez enfin trouvé l'homme de votre vie ou qui vous adressent le reproche de vous laisser aller. Allez à la rencontre de personnes qui, comme vous, ont connu un échec amoureux. Écoutez leurs témoignages. Vous serez surpris de constater à quel point elles ressentent également de la honte dans des domaines qui sont à la fois proches mais aussi éloignés des vôtres. Ensemble, vous apprendrez à relativiser votre honte.

Quelles que soient vos erreurs réelles ou imaginaires, réapprenez à vous aimer. Vous dépasserez vos hontes. D'ailleurs, la pire est de n'en avoir jamais connu.

Du bon usage de la peur et du doute

Après la honte ou à côté, il y a la crainte. Et surtout la principale : maintenant que c'est fini, tout est fini, et pour toujours. On restera seul à jamais. On ne retrouvera plus le vrai amour, comme s'il n'apparaissait qu'une fois dans une vie. J'avais trouvé le prince charmant, il n'est plus là. C'en est fini. J'avais ma moitié, elle a disparu. Il ne peut en exister d'autre.

Cette crainte, qui vient par vagues durant la période de tristesse profonde, a souvent des effets physiques, comme des difficultés à s'endormir, des palpitations ou des maux de ventre. Elle paralyse et incite au repli sur soi. Paradoxalement, elle conduit à l'isolement alors qu'elle s'accompagne d'une peur de la solitude. Mais elle a une fonction, celle de mettre à l'abri l'infortuné en attendant qu'il soit de taille à affronter de nouvelles rencontres, incertaines, et même dangereuses pour un cœur convalescent.

Dans ce domaine, la meilleure façon de se débarrasser de cette crainte est de lui faire face. Regardez votre solitude en face. Apprenez à vivre seul. Transformez votre emploi du temps, vos loisirs, vos priorités. Vous serez surpris de constater que la vie peut toujours avoir un sens et que vous ne courrez pas un si grand danger. D'ailleurs, alors que vous viviez en couple ces dernières années, ne vous êtes-vous jamais senti seul ? Vous découvrirez mille potentialités en vous que vous aviez peut-être laissées de côté quand vous étiez en couple.

L'exemple d'Octavia le confirme : « Quand mon mari est mort, j'ai cru que je n'arriverais pas à faire face. Je l'avais connu jeune, j'avais élevé mes enfants et je n'avais pratiquement jamais travaillé. Grâce à une amie, j'ai trouvé un poste dans une entreprise où j'ai révélé des qualités et un savoir-faire que je ne me supposais pas. »

« Quand j'étais mariée, raconte Séverine, je me cachais derrière mon mari. En société, c'est lui qui monopolisait la parole. Je passais pour sans intérêt. Devenue célibataire après notre séparation, je n'avais plus personne pour me cacher, alors j'ai bien dû m'exposer et j'ai été surprise de constater que je pouvais capter l'attention des gens. En retour, les personnes de mon entourage me considéraient autrement jusqu'à me dire qu'ils ne m'imaginaient pas si intéressante. »

Votre vision des autres passait par le prisme de votre couple et les autres ne voyaient en vous qu'un membre de ce couple. Quant à la crainte de ne plus plaire, sachez que le regard des hommes sur vous va changer dorénavant puisqu'ils vous sentiront libre.

Les personnes délaissées ou lassées sont également souvent en proie au doute, même si elles étaient plutôt sûres d'elles. Elles vont douter d'elles-mêmes. Si elles ont été quittées, elles perdront confiance. Si ce sont elles qui ont déclenché la rupture, elles peuvent douter de leurs sentiments. Elles risquent aussi de douter des femmes ou des hommes et, plus grave encore, de l'amour lui-même, du sens de la vie. Si le doute atteint ces extrémités, ne restez pas seul avec ; et il est urgent d'en parler à une personne bienfaisante de votre entourage ou à votre médecin. Certains d'entre vous vont en revanche tirer bénéfice de la découverte du doute. Vous étiez jusqu'à présent prisonnier de certitudes vous permettant de passer votre vie sans trop de heurts, mais comme en aveugle. Un autre horizon s'offre à tous ceux qui verront poindre des vérités inconnues jusqu'alors. Quant aux autres, ils devront surmonter le doute qui pousse à s'abstenir de faire ou d'être, à ne plus croire en soi ni en autrui. Au contraire, il faut, *via* le doute, passer à l'examen de soi et découvrir de nouvelles certitudes. C'est le chemin : pour croire avec certitude, il faut démarrer par le doute. Il marque donc le début d'un renouveau de votre être.

Ce faisant, vous retrouverez peut-être les questions que vous vous posiez à l'adolescence. Souvenez-vous. Mobilisez votre mémoire et rappelez-vous cette période qui vous semble lointaine et qu'on idéalise parfois après coup pour oublier combien elle était pleine de doutes. À l'époque, vous avez réussi à passer ce cap au moins aussi complexe que celui que vous affrontez actuellement. Vous avez donc les moyens de passer celui-ci.

Si, étant une femme, vous doutez de vous, vous trouverez les moyens de parvenir à rompre avec ce sentiment au chapitre 4. Et si vous doutez des hommes, rappelez-vous que ce sont des « humains » comme tout le monde ! Si vous doutez de l'amour, n'oubliez pas que vos doutes ne l'empêcheront jamais d'exister. C'est peut-être le vœu que cachent tous ces doutes : que l'amour n'existe plus afin que vous n'ayez plus à en souffrir. Vos doutes n'empêcheront pas l'amour de croire en vous et de vous toucher de nouveau, cela fait partie des jeux préférés de l'amour et du hasard. Alors, autant vous tenir prêt.

Acceptez votre fragilité

Si des douleurs du passé enfouies sont révélées, la dépression s'intensifie et se prolonge. La rupture ouvre des failles qui mettent en lumière des ruptures oubliées. Voyez Rebecca et Emma.

Rebecca : « J'étais dans un tel état dépressif un an après ma rupture avec Éric que je suis allée consulter. » Ensemble, nous avons découvert que la perte de son couple renvoyait Rebecca à la mort de son père, peu de temps après le début de son mariage. Elle a réussi à regarder son histoire d'un nouvel œil : « La naissance de mon premier enfant a caché mon chagrin d'alors. » Son ancien deuil va pouvoir se finir. Ce type de réveils est fort douloureux, mais ils offrent la faculté de se défaire des souffrances passées et encore vivantes au fond de nous.

Emma, la trentaine, est heureuse d'être célibataire ; elle passe d'une aventure à une autre. « Après mon aventure de quelques semaines avec Philippe, j'ai sombré dans une tristesse et un abattement que je n'avais jamais connus. Mes copines s'étonnaient, je leur disais que je ne m'étais pas attachée à lui plus qu'à un autre, je savais surtout depuis le départ qu'il partirait à Madagascar pour trois ans. »

En venant nous consulter, elle parvint à se souvenir d'un chagrin d'amour alors qu'elle avait… 7 ans. Elle connaissait Philippe, ils avaient toujours été ensemble depuis la maternelle, inséparables, amoureux. Ensemble encore pendant le cours préparatoire. Et puis la séparation. Les parents de Philippe étaient partis avec lui en Afrique. Emma ne le revit plus jamais.

Pour les enfants, les chagrins d'amour sont aussi intenses que pour les adultes, mais on ne les prenait pas au sérieux car la dépression des enfants n'était pas connue alors. Après cette rupture, Emma a fait une dépression. Personne n'a fait le lien entre sa souffrance et les difficultés scolaires qui l'ont obligée à redoubler. Jamais personne pour reconnaître son chagrin d'amour, pour le nommer, pour le consoler. Les années passant comme des feuilles mortes, le souvenir de Philippe disparaît. Vingt ans plus tard, les feuilles s'envolent au départ de ce nouveau Philippe, et son chagrin de petite fille revient. Ensuite, tout se passe comme dans un roman : « Après avoir reconnu mon chagrin passé, j'ai fait des recherches pour retrouver la trace du premier Philippe, mon premier amour. Il vivait près de la mer, et sa fille s'appelait... Emma. »

Si la tristesse ne s'en va pas, pour vous en libérer, cherchez dans votre passé les causes de vos larmes présentes, et consolez aussi la petite fille qui pleure en vous. Tentez de laisser s'écouler peu à peu vos amours passées. Ce sera pénible, mais salutaire. Les larmes couleront, mais « les larmes du passé fécondent l'avenir[1] ». Vos larmes arrosent et laissent fleurir vos souvenirs. Vous pourrez faire couler le flot de votre chagrin en acceptant de vous souvenir de votre histoire passée, de cette rencontre qui s'est

1. Alfred de Musset, « Sur la naissance du comte de Paris ».

finie avec la rupture. De ce qui vous avait plu chez lui, et de ce qu'il avait aimé en vous. Du temps suspendu de la passion, de ce que vous avez fait ensemble, des bons et des mauvais souvenirs. Enfin, de ce qui, dans votre vie, a précédé cette liaison amoureuse. Les larmes lavent le regard. Ce sont des prismes qui permettent de mieux voir, de modifier son regard, de pouvoir se retourner différemment sur les choses et les faits, sur ce que l'on a été, ce que l'on est et ce que l'on veut devenir. Pleurer empêche l'oubli, emporte la souffrance salée pour ne laisser que le sucré en soi. Si vous retenez vos larmes, vous prenez le risque de vous noyer dans votre chagrin. Si votre regard est toujours voilé par la tristesse, impossible de regarder ensuite derrière votre épaule afin d'y découvrir, grâce à l'anamorphose, un autre horizon. Pleurez, pleurez, après les larmes, les yeux sont plus clairs, l'avenir moins sombre.

Et ne vous interdisez pas le deuil. Toute rupture amoureuse est un deuil. Il faut trouver des personnes disponibles pour écouter votre chagrin, mais c'est difficile. Les séparations se banalisent, les rencontres amoureuses semblent plus faciles que par le passé, comme la multiplicité des partenaires. On évite de plus en plus de s'engager. « Un de perdu, dix de retrouvés ! », n'arrête-on pas de vous asséner pour vous réconforter. « Oublie-le vite dans les bras d'un autre, sors en boîte, surfe sur Internet ! » On fait ainsi croire que l'amour est un simple besoin, que l'on apaise aussi facilement que la faim ou la soif. Comme s'il suffisait désormais d'ouvrir le catalogue de vente d'amour pour trouver, à la bonne page, l'âme sœur.

Pleurer, s'épancher, se plaindre, faire son travail de deuil par correspondance est mal vu, par l'entourage privé comme professionnel. Pour dire sa peine, la seule façon de pouvoir l'exprimer et d'être entendu est de se faire suivre par un psychiatre ou un psychologue. Peut-être aujourd'hui en sommes-nous réduits à médicaliser le chagrin d'amour pour qu'il soit pris au sérieux. Dans le code de la communication, prendre des médicaments remplace aujourd'hui les larmes et les habits de deuil d'autrefois. Malheureusement, le piège de la médication c'est qu'il amène souvent l'entourage à négliger tout soutien. « Va voir un psy, je ne sais pas comment t'aider », entendrez-vous en réponse à votre besoin de simple écoute. Si la tristesse persiste, si la douleur est trop forte, des antidépresseurs peuvent alléger votre existence. Mais ne vous contentez pas de cela. Car ils n'agissent pas à la source du chagrin. C'est du fond de teint sur des boutons. Accordez-vous du temps. Ne renoncez pas à trouver des oreilles attentives pour entendre votre peine. Parfois, un inconnu peut être d'une belle écoute. Réfléchissez, lisez, ne faites rien, et laissez votre peine s'écouler. Mettez-vous en jachère. Prévenez votre entourage que vous êtes malheureux et que vous marcherez au ralenti pendant quelque temps. Qu'il ne se vexe pas de votre air taciturne, vous ne refusez pas qu'on vous materne un peu. Acceptez les mains tendues, les propositions de dîner, les sorties. En échange, demandez l'autorisation d'être un peu ailleurs, un peu distrait.

Prenez le temps

Inutile de faire le fier, de chercher à vous montrer forte, car on risque alors de se reposer sur vous et ce n'est pas de cela dont vous avez besoin. S'occuper des autres permet de s'oublier et de moins souffrir en apparence, comme de s'abrutir de travail. Mais n'oubliez pas que différer sa souffrance n'a jamais permis de guérir. Ralentissez. N'acceptez pas de surcharge de travail sous prétexte que cela vous permettra d'oublier. Au contraire, vous serez empêchée de vous épancher. Du coup, la fatigue viendra s'ajouter à votre état d'affaiblissement général. La société, en ce domaine, ne vous y aidera pas car les rituels, les signes extérieurs du deuil ont pratiquement disparu. Ne déménagez pas tout de suite, cela vous évitera un stress supplémentaire.

Si vous avez des enfants, n'hésitez pas à leur dire que vous allez être moins « présente » pendant plusieurs mois, mais qu'après, vous serez de nouveau la maman costaude d'autrefois, et peut-être plus encore. Si vous leur expliquez qu'un chagrin d'amour prend du temps pour guérir, ils comprendront. Si vous le leur cachez, ils sentiront votre état d'âme sans comprendre son origine. Ils se croiront parfois responsables et leur comportement pénible sera comme une interrogation sur votre état. Ils y trouveront leur compte si vous leur donnez plus de responsabilités ou si vous les confiez plus souvent à leur marraine (et ses enfants si sympas), à leur oncle (qui à un écran géant plasma) ou à leur grand-mère (qui fait de si bonnes pâtisseries).

Encore une fois, n'écoutez ni votre propre raison ni les conseillers. Ils ne connaissent rien à votre cœur et vous poussent toujours à faire davantage, à aller de l'avant, à ne pas craquer. Pause !

Pour guérir, il faut passer par tous les chemins que nous avons évoqués jusqu'à présent. Ensuite, aimer de nouveau sera possible. Quelquefois, on n'arrive cependant pas à avancer, on se retrouve bloqué dans une des phases de la guérison. Quand on est plongé dans le déni, la colère ou la tristesse profonde, il est bien difficile de rencontrer quelqu'un. Si malgré tout on a la chance de revivre une véritable nouvelle histoire d'amour, celle-ci accélère naturellement la durée de la guérison. Dans le cas contraire, le plus fréquent, il faut en général au moins deux ans pour être guéri après avoir terminé ce chemin de croix. Plus l'histoire d'amour qui a brisé votre cœur était grande, plus le chemin sera long et douloureux : trois, quatre années seront alors nécessaires pour traverser les trois phases et guérir après votre convalescence.

Certaines femmes restent bloquées dans une des trois phases pour s'épargner une souffrance qui dure. Elles stagnent. Sans pouvoir avancer et guérir pour de bon. Regardez votre séparation avec humour. Seule ou avec des copines, riez de lui, moquez-vous de celui qui vous a quittée. Certaines ont beaucoup de chance. Un peu artificielle et sûre de vous, vous faisiez fuir les hommes. Vous deviendrez plus disponible pour une rencontre amoureuse après une rupture : la tristesse, la dépression vous rendent souvent plus fragile et parfois plus ouverte. Même les *working girls* qui contrôlent parfaitement leur vie lâchent prise et sont capables de se laisser transporter. Que rêver de mieux ?

Quand on n'a pas la foi...

Vous n'y croyez pas encore, mais vous allez être guérie. Vous retrouverez votre image et vous pourrez aller de l'avant. Il n'a pas été aisé de le faire, mais vous avez le pouvoir, avant d'en avoir l'énergie, de vous faire consoler, de vous consoler, pour vous tourner vers l'avenir sans rien perdre du passé. Pour être à même de changer de vie, de changer d'univers, de pouvoir vous laisser aller et vous libérer de votre chagrin. D'être vous-même.

Vous avez affronté la colère, l'envie, la tristesse et son cortège de honte, de crainte, de doute, de regrets et de remords. Vous avez dorénavant bien identifié les différentes émotions qui ont tourbillonné en vous. Vous leur avez fait face, pour les comprendre, les cerner, les maîtriser, les apprivoiser, les utiliser ou vous en débarrasser.

Votre horizon émotionnel s'est éclairci. La joie, comme un soleil, peut alors de nouveau poindre en vous. À vous de l'aider à se maintenir et à resplendir comme jadis ou comme jamais. Connaître et reconnaître sa douleur la dissipe, connaître et reconnaître sa joie la développe.

Vous avez appris à relativiser et à faire la part des choses. Vous avez gagné en lucidité sur vous-même et sur les autres. Désormais, vous allez pouvoir vous ouvrir aux autres. Mais auparavant, il reste quelques exercices. Après avoir fait expirer votre douleur, il vous faut inspirer du bien-être pour respirer la joie de vivre. Et pour cela, retrouvez le désir et vos désirs. Aventurez-vous en dehors de vos habitudes. Laissez une place à l'inhabituel. Acceptez des propositions que vous refusiez simplement parce qu'elles allaient vous faire coucher tard ou parce que vous aviez des choses à faire chez vous. Transgressez vos habitudes. S'épanouir, c'est se découvrir des pouvoirs nouveaux. Découvrez des domaines que vous ne connaissiez pas. Essayez ! On n'a de plaisir que si on s'en donne. Offrez-vous-en ! Faites-vous du bien en pensée comme en action.

Retrouvez de doux souvenirs, récents ou plus datés, des souvenirs canailles qui stimulent, des souvenirs tendres qui réchauffent, des souvenirs drôles qui vous feront rire, qui vous rendront heureuse. La mémoire suit le cœur, mais elle a sur lui un fort pouvoir d'influence ; et se souvenir des jolies choses transportent le cœur. Souvenez-vous en vrac d'épisodes agréables de votre vie, comme un compliment reçu mais inattendu, une réussite sportive ou scolaire, votre permis de conduire, une belle fête, une occasion où vous avez eu très peur mais où tout s'est bien fini, un épisode pendant lequel vous avez dû faire front, une première rencontre avec une amie, une guérison ou une bonne surprise.

Le cœur n'est pas seul. Le corps joue un rôle important dans la joie que vous ressentirez. Lors d'états de tensions émotionnelles fortes, la joie vous gagne le plus facilement. C'est le cas de ceux qui font de l'escalade et voient enfin le pic qu'ils espèrent. C'est la joie de serrer dans ses bras celui qu'on aime après être sorti vivant d'un accident de voiture. L'activation physiologique décuple les émotions ressenties. Se faire embrasser en haut d'un sommet d'une montagne après le vertige du téléphérique ou d'une marche cahoteuse est plus fort émotionnellement que le même baiser au petit déjeuner dans sa cuisine. C'est pourquoi, pour retrouver la dynamique d'émotions positives, nous vous conseillons d'activer votre organisme. Du sport bien sûr (inutile cependant de passer des heures à vous infliger des pompes ou à faire du rameur aux heures de pointe dans un club de gym surchargé), mais aussi toutes les activités qui vous feront vibrer : marchez, lisez des livres que vous n'auriez jamais lus (et qui ne parlent pas seulement d'amour…), explorez les musées, allez suivre des conférences (pas seulement sur l'inconstance des hommes et les exigences impossibles des femmes…), prenez des cours de musique, de dessin, de danse, sortez en bateau, faites du planeur, voyagez (seul, vous pouvez le faire…), passez une soirée dans une discothèque (et rentrez seul sans penser que c'est affligeant…), allez au cinéma, au théâtre, au concert pour écouter enfin la musique que vous aimez, vous n'hésitez pas. Et pourquoi pas élargir vos centres d'intérêts : pour les femmes, voir des matchs de foot ou s'inscrire à un stage d'œnologie ; pour les hommes, assister à des conférences de philo ou à des réunions de parents d'élèves.

Éveillez également vos sens. Sentez, goûtez, touchez, écoutez, observez ce qui se présente à vous et allez à la découverte de parfums, d'aliments, de matières, de musiques et d'images inédits.

Laissez la bonne humeur vous gagner. On a démontré qu'elle a un impact positif en rendant plus altruiste, plus créatif, plus à l'écoute de l'autre également. Elle améliore le raisonnement et le jugement ; vous serez également plus méthodique et plus courageuse. La bonne humeur vous rendra ainsi beaucoup plus séduisante. Il y a des matins ensoleillés ; il y a des gens gentils ; il y a des bonnes surprises… Si, si. Au début, il faut avoir la volonté d'accepter de prendre plaisir aux différentes circonstances de la vie. En cessant de penser à hier ou à demain. Le fait d'avoir connu les rigueurs de la vie doit vous rendre plus sensible aux joies, toutes les joies. Ne cherchez pas à avoir toujours plus ; sachez apprécier en ayant parfois moins. Le secret du bonheur est dans le mot même : bon et heure. Imaginez que vous êtes filmé et que votre vie est un film, mais pour la bonne cause préférez plutôt *Pretty Woman* aux chefs-d'œuvre d'Antonioni. Cela vous permettra d'accorder une importance à chaque séquence de votre vie quotidienne.

Prenez votre temps. Agissez sur votre environnement afin qu'il vous aide à raviver la bonne humeur en vous. Pour cela, soyez vigilant à votre santé : cultivez vos amitiés, améliorez vos conditions de travail. Transformez votre logement en le décorant, en l'aménageant autrement.

Améliorez votre apparence même si le cœur n'y est pas ; forcez-vous un peu : de nouveaux vêtements, un joli maquillage, une coiffure originale auront un impact positif sur votre humeur. Dans toutes les décisions que vous prenez, donnez de l'importance à ce qui vous serait agréable.

Enfin, pensez sérieusement à tout ce qui pourrait vous rendre heureux. Est-ce réalisable ? Imaginez qu'un ami vous pose la question ; que lui répondriez-vous ? Pour atteindre le bonheur, il faut l'inventer. Recherchez les occasions de joie, de bien-être ou de bonheur que vous avez laissées échapper dans votre existence. Réfléchissez à pourquoi elles vous ont filé entre les doigts, et comment vous auriez pu les retenir.

Ne résistez plus au bonheur. Ce n'est ni futile ni égoïste. Déculpabilisez-vous d'être heureux. Votre malheur n'est utile à personne.

Vous pensez être trop âgé pour pouvoir retrouver la joie ? Le bonheur n'est pas uniquement associé à la jeunesse. À la joie des jeunes années succède celle qui est liée à une jouissance plus sereine de la vie. Et si vos chagrins passés vous empêchent encore de retrouver la joie, pensez à tous les malheurs auxquels vous avez échappé.

Faites enfin de votre chagrin un souvenir avec lequel vous avez fait la paix et qui vous aide à avancer, qui vous aide pour retrouver la lumière.

Il suffit presque de ne rien faire d'autre que de prendre du recul, un pas ou mille, de découvrir une autre ombre de vous, un autre visage, et de retrouver le bonheur de renaître, de vivre avec cette nouvelle personne que vous êtes. Et puis, soudainement, « un beau jour, c'est l'amour et le cœur bat plus vite[1] ».

---

1. « Le temps de l'amour », chanté par Françoise Hardy.

CHAPITRE 2

Faire la paix avec ses ruptures et les comprendre

Soit ! Mon sort désormais,
Je te le confie.
En larmes devant toi,
À genoux, j'implore ta protection.
Je t'implore !

Songe : ici je suis seule !
Personne ne me comprend !
J'ai l'esprit épuisé !
Il me faut mourir sans rien dire !
Je t'attends,
Je t'attends ! D'un mot,

Avive les plus chers espoirs de mon cœur !
Ou brise ce rêve exténuant
Avec hélas, le dédain auquel il invite[1] *!*

Vous avez toutes vos chances pour sortir de l'ombre de vos ruptures passées. C'est vrai, mais la plupart du temps, vous l'ignorez, vous ne voulez pas le savoir. Ne

1. Tatiana dans *Eugène Onéguine*, l'opéra de Tchaïkovski.

restez pas des Athéna, des Pénélope, des Artémis, des *Desperate Housewives*.

Adeline confesse : « Je ne rencontre que des hommes qui m'adorent, je joue le rôle de la parfaite amante mais ils ne veulent pas s'installer avec moi ; c'est pour ça que je les quitte. »

Lydia, de son côté, raconte : « Je ne tombe amoureuse que d'hommes qui n'aiment qu'eux-mêmes. »

Aline a passé quinze ans auprès de Nicolas, à jouer le rôle de la seconde épouse. Elle aussi a renoncé à avoir un enfant, car Nicolas lui avait dit qu'il ne divorcerait jamais. Il est mort brutalement d'une crise cardiaque. Elle s'est retrouvée seule, à 50 ans, dans l'ombre de cet homme dont elle ne pouvait parler. « Je lui ai sacrifié ma jeunesse, ma maternité », disait-elle.

Nathalie a rencontré plusieurs hommes, mais elle s'arrange pour créer un clash et tout remettre en question dès qu'un différend, même léger, s'annonce. Autant rompre tout de suite avant de souffrir davantage, c'est son raisonnement.

Pour Irène, ce fut plus dramatique, même si, apparemment, rien ne le laissait prévoir : « J'étais mariée à Jacques depuis quinze ans. Je me suis entendue dire brutalement après des vacances de rêve : "Je ne t'aime plus, je ne te désire plus, je pars !" Nous venions de passer une année dramatique : on avait découvert chez Jacques un cancer et nous nous étions battus tous les deux contre cet ennemi. À peine remis de la dernière chimiothérapie, nous partons en vacances et il me quitte à la fin de l'été. »

Irène apprendra bien après qu'il avait rencontré une autre femme. La maladie l'avait amené à prendre des décisions brutales : « Je ne sais pas combien de temps il me reste à vivre, mais je ne veux rien rater. » La brutalité de cette rupture a conduit Irène à un état de stupeur et de dépression grave. Puis, le choc passé, elle a essayé de comprendre ce qui s'était produit au cours des années précédentes. Elle a retrouvé les failles de leur couple. De nombreuses disputes avaient scandé les années. Ils s'étaient expliqués à de multiples reprises. Pour elle, cela conduisait à des changements et à des accalmies ; pour lui, probablement rien n'avait changé et son insatisfaction devait croître.

Pour Catherine, chaque dispute était une piqûre qui rappelait une ancienne histoire. En fait, elle n'avait pas compris ce qui s'était joué dans sa liaison avec Marc. Ils étaient restés huit ans ensemble, sur le mode du « je t'aime, moi non plus ». Elle voulait un enfant lorsqu'il commençait un nouveau job, il était d'accord lorsqu'elle ne l'était plus. Elle aimait la ville, l'animation, les magasins, il adorait la campagne et le silence. Elle décida de le quitter pour qu'il réagisse et qu'il change. Il rencontra une jeune femme moins impétueuse, plus souple et, dans l'année, l'épousa et eut un enfant. Déçue par cet homme qui « de toute façon ne lui convenait pas », Catherine gardait un goût amer de cette histoire. Mais c'était plus la relation qui lui manquait (et qu'elle appréhendait) que Marc lui-même.

Elle le comprit après quelques mois de thérapie. Elle gagna en confiance en elle et rechercha la compagnie d'un homme pour ce qu'il était.

Comme Catherine, certains vont jusqu'à anticiper la rupture à tout moment afin de ne pas être gagnés par la surprise. Ce faisant, ils la facilitent ou la provoquent. Pour Aline, c'est la rencontre, la passion qui la fait sans cesse tout oublier et la conduit à adopter des attitudes d'abnégation qui auront un goût amer un peu plus tard, lorsque la rupture s'annonce et que l'heure des comptes arrive. Si elle avait réfléchi, Aline ne se serait pas conduite en victime. Cette liaison, c'était son choix. Un travail psychologique aurait été pour elle nécessaire ; il aurait consisté à analyser les raisons de son choix.

Les aventures de Lydia suivent, quant à elles, le triste modèle des histoires où les femmes sont tout le temps les victimes des ruptures dont l'initiative revient à leur compagnon. Enfin, les histoires d'amour d'Adeline se terminent progressivement, sans que le mot « fin » apparaisse. D'autres ruptures ont lieu alors que la question reste en suspens : qui a quitté l'autre et finalement pourquoi ?

Or c'est précisément ce qu'il importe que vous élucidiez. Ne vous contentez pas de répéter vos comportements ; ne vous bornez pas aux explications simplistes : « il m'a trompée, ce n'est plus possible », « la vie est insupportable avec elle ». Après la rupture, si la tristesse qui s'installe peut prêter à la rumination stérile ou aux bouffées de rage haineuse, elle doit aussi ouvrir sur une réflexion sur vous-même. Non pas pour vous dénigrer, pour plonger dans le doute, attiser le regret ou la honte, mais pour créer les conditions qui vous permettront de rebondir. Sur le coup, votre jugement sera brouillé par les larmes ou la colère ; mais très vite, si vous replacez l'histoire que vous venez de vivre dans le cadre de l'ensemble de votre vie, vous y verrez plus clair.

Bien sûr, ne pas y revenir, tenter d'oublier semblerait moins douloureux, comme si, sans souffrir, on pouvait aller de l'avant, en faisant porter le chapeau à l'autre ou en mettant tout sur le compte du mauvais sort pour foncer et espérer trouver une nouvelle liaison en oubliant tout du passé. Mais, comme un boomerang, les raisons de l'échec reviennent quand vous les envoyez au diable vauvert. Regardez derrière vous, repassez-vous le film de vos relations amoureuses à l'envers, cela infléchira votre avenir amoureux.

Et alors, vous serez à même d'ouvrir les yeux, de découvrir vos manières d'aimer, vos attentes, vos besoins. Réfléchir aux causes profondes de vos précédentes ruptures vous permettra de les comprendre. C'est fondamental, et cela vous aidera pour construire et vivre votre prochaine histoire d'amour. À vous de faire l'analyse de toutes les causes et de tous les effets de vos ruptures passées : c'est le passage obligé pour vous éviter de commettre à l'avenir les mêmes erreurs.

Et surtout, vous éviterez que le scénario de vos relations amoureuses se répète sans que vous puissiez y donner un sens. Pourquoi donc les choses ont-elles mal tourné ? Vous ne pouvez éviter la question.

Le ciel qui vous tombe sur la tête

Le conflit est le motif le plus évident et malheureusement le plus courant qui précède les ruptures. Des relations de couple conflictuelles ou des sentiments érodés par le temps conduisent fréquemment à chercher l'âme sœur ailleurs. Toute la question est de savoir où en est le couple. Et de se pencher sur ce qui va provoquer la plupart des conflits. Au premier chef : l'infidélité.

Au cours de bien des histoires d'amour, être infidèle va souvent de soi, tant d'exemples littéraires l'attestent depuis plus de deux mille ans. L'infidélité est un motif qui conduit à de nombreuses séparations. Vivre la révélation de la relation extraconjugale trahit les règles instaurées par le couple dans le contexte de notre culture monogame. Survient alors la crise et ses différentes formes, selon les individus.

À situations diverses, réactions diverses, toutefois. L'infidélité viendra ébranler fortement la solidité du couple ou ne la menacera que légèrement selon le degré de l'engagement des partenaires. Selon les femmes, une passade d'un soir est accueillie aussi violemment qu'une relation secrète installée depuis des années. L'infidélité de l'un des membres du couple réveillera des blessures non cicatrisées.

Certaines trahisons font plus mal que d'autres. Dans le film relatant la vie de Frida Kahlo, peintre mexicaine, l'héroïne entend son mari Diego Rivera lui dire : « Je ne serai pas fidèle, mais je serai loyal. » Il annonce ainsi la couleur, il exprime ses limites. Le contrat est clairement édicté même s'il est douloureusement accepté par Frida. Diego trompera en effet Frida, mais la crise éclate quand il l'aura trahie en séduisant sa propre sœur. Des maîtresses, c'était limite, mais pas touche à la famille !

C'est une histoire voisine qui fait éclater un des couples du film *Le Déclin de l'empire américain* de Denys Arcand. La femme de Rémi apprend que son mari a couché avec pratiquement toutes ses copines. L'infidélité n'est alors plus seulement celle du mari, mais aussi celle de la sœur ou des amies qui se conduisent de façon déloyale. Le couple de ce film se séparera, mais leurs deux membres resteront amis comme le montre la suite réalisée vingt ans après : *Les Invasions barbares*. Les adultères impliquant le ou la meilleure amie de la personne trompée sont de grands classiques des jeux de l'amour, et ce dès l'adolescence.

Quand on interroge les hommes et les femmes sur ce qu'ils attendent de leur couple, la fidélité arrive principalement en tête. Confiance et sincérité constituent les fondements d'une relation amoureuse. On a longtemps considéré l'infidélité comme faisant partie des comportements masculins. Sans doute parce que l'on a davantage toléré l'infidélité des hommes que celle des femmes ! Envie pour les Dom Juan, condamnation des garces ! De nos jours, la parité gagne également ce domaine. Il est classique de dire que les hommes sont infidèles parce qu'ils sont mus par la sexualité alors que les femmes le seraient pour des motivations affectives. Bref, chez nous autres individus qui nous estimons très évolués, il y aurait encore un peu de la mentalité des chasseurs-cueilleurs de la préhistoire : d'un côté, des mâles pressés de disperser leur semence à qui mieux mieux ; de l'autre, des femelles soucieuses de trouver un reproducteur fort, mais fidèle, capable de protéger durablement leur progéniture[1]. Gardons-nous cependant de tout simplisme. Le sexuel et

1. David Buss, *La Jalousie*, Paris, Odile Jacob, 2005.

l'affectif ne s'expriment sans doute pas toujours de la même manière chez les hommes et chez les femmes, mais il est rare cependant qu'ils ne se mêlent pas tous les deux dans ces conduites d'infidélité ou dans l'aspiration à la fidélité.

Le couple implique en effet le plus souvent une fidélité sexuelle, l'une des règles fondamentales de l'union, alors qu'il est la plupart du temps difficile d'exiger la fidélité des esprits. Aujourd'hui, nous parlons de couple et non de mariage ; le contrat moral est aussi fréquent que le contrat social. Lors du mariage, le maire énonce la loi : « Les époux se doivent mutuellement fidélité, secours, assistance. » Nous savons pourtant que des relations de désir, des liens affectifs intenses peuvent se nouer sans qu'ils entraînent le moindre contact sexuel.

Si les relations extraconjugales déclenchent toujours des crises, elles ne provoquent pas toujours des ruptures, notamment lorsque l'on comprend ce qui a engagé la rencontre de l'autre. Les raisons qui sont avancées sont souvent de l'ordre d'insatisfactions sexuelles ou affectives. Elles ne seraient que le symptôme du dysfonctionnement de votre couple et il serait simplet de se contenter de faire du talent de la rivale l'unique facteur ayant déclenché l'infidélité. Il s'avère parfois qu'un désir de vengeance surgisse. Il ferait suite à des contrariétés suscitées par votre partenaire. L'infidélité n'est alors qu'une façon de faire payer un compromis sur lequel vous aviez cédé. Lors d'une phase de doute, certains hommes ou certaines femmes désirent mesurer leur propre attachement à leur partenaire par une relation adultérine. Ainsi l'irruption d'une relation extraconjugale peut cimenter quelquefois un couple.

Julien avait depuis cinq ans une relation amoureuse avec une amie, elle aussi mariée. Ils savaient tous deux qu'ils se retrouvaient pour se soutenir. Ils s'aimaient certes et la passion du début avait laissé la place à une solide affection. Leur entente sexuelle était forte et ils aimaient se retrouver. Ils organisaient des déplacements professionnels pour pouvoir passer un jour ou deux ensemble. Ils n'avaient ni l'un ni l'autre envie de divorcer, leurs enfants étant jeunes. Mais cette relation extraconjugale leur permettait de maintenir le fragile équilibre de leur couple.

Contrôlez vos sentiments après votre découverte de l'infidélité. Si vous avez été trompée et que vous l'avez découvert, il est nécessaire que vous analysiez prudemment la situation sans faire une simple déclaration d'orgueil bafoué. À l'inverse, si vous êtes tentée par une relation extraconjugale, soyez un peu clairvoyante, comprenez vos propres attentes, et sachez où vous mettrez les pieds. Enfin, sous votre infidélité se cache peut-être aussi le fait de tomber amoureuse, et personne, pas même vous, n'est à l'abri de tomber amoureux de quelqu'un d'autre surtout si la personne en question semble vous promettre un nouvel épanouissement personnel qui fait suite à une période d'insatisfaction de votre part.

Quand on s'est aimé trop tôt

La jeunesse n'est pas toujours bonne conseillère. Vos premiers choix amoureux sont parfois sous-tendus par des désirs qui ne s'inscriront pas dans la durée.

Maria s'est mariée avec le premier prétendant venu afin de quitter une famille oppressante. Elle n'avait aucune expérience amoureuse. Et si on l'avait interrogée à l'époque sur ses sentiments, elle aurait répondu qu'elle aimait cet homme, mais elle sait aujourd'hui, avec le recul, qu'elle s'est contentée de bien l'aimer et de lui être reconnaissante de lui avoir offert son émancipation.

Les choix des cœurs immatures se portent parfois sur des êtres qui représentent l'opposé exact des attentes et des modèles familiaux. On cherche alors à briser les liens œdipiens qui étaient les siens vis-à-vis de ses parents. Et souvent, un peu plus tard, vos désirs concordent davantage aux canons parentaux. C'est vrai pour les femmes comme pour les hommes. C'est le cas de David, par exemple.

Il a 45 ans. Issu d'une famille juive traditionaliste, il s'est marié à 25 ans avec Françoise, qui venait d'une famille catholique. Cette union allait à contre-courant des désirs de ses parents. Pourtant, trois enfants sont nés, dont Nathan qui, à 18 ans, a une petite amie régulière. L'harmonie qui se dégageait de ce couple était telle que l'entourage a été consterné d'apprendre que David a quitté Françoise pour se mettre en couple avec une de leurs amies, de religion juive, qui est tombée enceinte de lui rapidement après le début de leur liaison. Il dira ne pas avoir compris ce qui lui est arrivé. Il n'a pas ressenti de coup de foudre vis-à-vis de sa nouvelle compagne ni véritablement de désamour vis-à-vis de Françoise. Il reprochait même à cette dernière de lui avoir demandé de choisir entre elle et l'autre. À l'un de ses amis, il dira : « Je sais pas ce qui m'a pris, c'est peut-être le destin. » En effet, il avait atteint l'âge que ses parents avaient quand il a décidé de s'unir à Françoise et s'est fâché avec eux. Avec l'arrivée de son fils à la majorité, il s'est identifié à ses propres parents et, pour parfaire cette identification nécessaire en raison de son sentiment de vieillissement, il s'est symboliquement réconcilié avec eux en épousant une femme juive. Ce faisant, il a renoué avec une filiation rassurante et protectrice comme l'enfance.

Les pressions

« Je te l'avais bien dit, ma fille, que tu faisais fausse route ! Ce n'est pas un homme pour toi. » « Écoute, mon fils, je me suis toujours demandé ce que tu trouvais à cette fille. Tu avais vraiment besoin de lui faire trois enfants ? » On l'oublie beaucoup, mais qu'elles soient familiales ou sociales, les pressions ou les prophéties sont à l'origine de beaucoup de vos ruptures. Elles peuvent venir à bout d'un couple, pourtant uni par des liens amoureux harmonieux et sincères. Ce regard est souvent porté par des valeurs matérialistes et culturelles absentes des considérations des amants concernés. Vos familles fonctionnent ainsi comme de véritables clans, et gendres ou belles-filles sont perçus par elles comme autant de pièces rapportées qui menacent souvent l'équilibre rigide de ce système autarcique. Dès que des difficultés apparaissent au sein du couple, la famille, au lieu d'être un facteur de cohésion, met tout son poids dans la balance pour désunir et récupérer son « bien ».

Bien des années sont nécessaires pour comprendre pourquoi votre choix s'est avéré si peu conforme à vos aspirations. Un compagnon égoïste et dur reproduit par exemple une relation parentale avec votre père ou avec votre mère. Les exigences familiales resurgissent dans le choix qui vous guide : vous tombez alors toujours et toujours sur les mêmes partenaires.

> « Mon premier mari ? Une erreur de casting », « Trop conforme aux désirs de mes parents ; mais je l'ai compris plus tard. » Elle se sépare quand sa fille a 2 ans, entame un travail de psychothérapie, change de ville et reprend des études. Elle rencontre alors son deuxième mari : « C'était un vrai choix. On a pris le temps de réfléchir. Lui aussi s'était séparé et ne voulait pas se relancer dans une histoire bancale. Nous avons mis près de trois ans avant de vivre ensemble. » Ils fêtent aujourd'hui leurs vingt ans de vie commune.

Mais d'autres facteurs plus ténus entrent aussi en ligne de compte et peuvent miner les unions les plus heureuses.

Les renoncements

À l'aube d'une histoire d'amour, il n'est pas rare que l'un renonce à une carrière, à un enfant, à un pays. Attention toutefois à faire un vrai choix adulte, à ne pas vous résigner comme si vous étiez une victime (plus ou moins) consentante. Pour mieux réfléchir, hiérarchisez vos valeurs. Songez à ce que sera l'ensemble de votre vie, pas seulement à ce que vous éprouvez dans l'instant.

Nous avons rencontré à plusieurs reprises des couples qui avaient décidé d'un commun accord de ne pas avoir d'enfants, souvent pour des raisons professionnelles ou parce qu'ils préféraient vivre leur passion que de fonder une famille. Parfois, il s'agit d'un choix unilatéral, ou la vie oblige à de tels renoncements. On est atteint par une maladie qui conduit à la stérilité : maladie génétique, suite de traitements de cancers. Qu'il soit volontaire ou imposé par le sort, le renoncement à l'enfantement est certainement ce qui remet le plus en question l'engagement et fait place aux plus grands regrets.

Fanny a renoncé à être mère, car Carlos avait déjà trois enfants et il lui avait dit qu'il n'était pas question pour lui d'en avoir un autre. Qu'importe, elle s'occuperait de ses beaux–enfants et ils construiraient leur vie autrement. Fanny a passé dix années avec Carlos, mais ce dernier s'est éloigné d'elle et il a rencontré une jeune femme. Fanny a eu le sentiment d'une double trahison : elle s'est retrouvée seule à 47 ans. Elle savait qu'elle n'aurait plus jamais d'enfants.

Quand un couple commence à s'aimer, un certain renoncement n'est pas loin. Une femme exigera de l'homme qui vient d'entrer dans sa vie qu'il voie moins ses copains, qu'il ne passe plus ses dimanches au club de foot. Un homme exigera que sa belle-famille ne soit pas toujours fourrée à la maison, par exemple. Attention ! Abandonner certaines choses est fréquent et l'abandon doit être réciproque. Il s'agit, comme on dit, de « faire des compromis ». Renoncer à des aspects fondamentaux, c'est allumer autant de bombes à retardement au sein du couple. Une fois le temps de la passion dissipé, les premiers accrocs déchirent peu à peu le tissu qui enveloppe le couple. Les sacrifices que l'on a été obligé de faire dans le passé sont remis en question. On s'en veut mutuellement.

N'en demandez pas trop et trop rapidement. N'acceptez pas de votre côté de renoncer trop brusquement à ce que vous faisiez, à ce que vous étiez. Il peut s'agit de renoncements fondamentaux. L'amour qui dure est celui qui multiplie le plaisir, pas celui qui en soustrait. Vous ne formez pas un couple pour jouer un rôle défini par l'autre.

Il est aussi une forme de renoncement dont on parle moins, mais qui n'en est pas moins lourde de conséquences à terme : lorsque le couple lui-même est renoncement, lorsque vous avez fini par jeter votre dévolu sur un partenaire qui n'est en fait qu'un « second choix », sous l'effet d'une passion dont vous voulez guérir grâce à un homme « gentil », parce que vous en avez assez de la solitude, parce que cette fille qui vous court après depuis un bon moment, finalement, fera une bonne mère pour vos enfants même si vous n'êtes pas follement amoureux. Toutes les raisons sont possibles qui ont pu vous conduire à entrer dans ce couple sinon à reculons, du moins sans un vrai enthousiasme. Bien sûr, l'amour peut devenir plus équilibré avec les années entre les conjoints, mais ce type de malentendu est souvent une bombe à retardement.

De l'excès d'exigence au dépit

À l'inverse, les exigences mutuelles mettent le couple en péril ; vous devez les laisser derrière vous. Non, décidément, ce n'est pas l'homme idéal ; non, ce n'est pas Versailles tous les jours à la maison. Et alors ? Êtes-vous sûre de faire ce qu'il faut pour ? Et si c'était le cas, n'étoufferiez-vous pas ? L'important est de ne pas trop céder sur l'essentiel et de vous ménager des moments précieux de vraie complicité et de fête. À l'inverse, le dépit et la déception entraînent un sentiment d'étouffement, de grisaille. L'absence trop fréquente de votre partenaire, par exemple, peut accroître votre solitude qui disparaît dès que vous êtes ensemble. Vous pensez et sentez aussi qu'une relation qui vous permettrait de sortir de l'étau formé par votre couple vous comblerait davantage.

Le stress

Le grand ennemi du couple et l'un des grands motifs de rupture, c'est le stress. Tout ce qui vient du dehors et qui est facteur de stress est une menace pour le couple. Sa répétition et les multiples agressions qui en découlent vont dégrader peu à peu la qualité de la relation : stress quotidien, professionnel, financier, familial (transports, courses, corvées par exemple). Ce stress opère une érosion progressive et vous atteint.

Si de véritables bourrasques comme une maladie, un déménagement, le décès d'un être proche, une perte d'emploi, une mise à la retraite surgissent, l'équilibre individuel et donc relationnel est perturbé. Et cela engendre un repli sur soi, un changement de vos relations aux autres et un moindre intérêt porté à votre partenaire. Vous êtes plus irritable, plus impatient, plus rigide. Votre écoute, votre attention et votre compréhension de l'autre diminuent. Vos relations de couple s'en ressentent : moins de communication entre vous, moins d'échanges, de moments partagés, moins d'affection. Plus le stress est là, plus l'insatisfaction augmente entre vous. C'est vrai dans les grandes crises, mais c'est vrai aussi si votre vie quotidienne est lourde, fatigante, pressée.

Le consumérisme amoureux

Et si la rupture venait aussi de l'air du temps ? Et en particulier, de la tendance à ne plus vouloir s'engager durablement, à réviser sans cesse ses engagements, comme on renégocie un prêt ou un contrat d'assurance. La montée du consumérisme envahit également les relations de votre couple. Vous êtes à bien des reprises tentés par le refus de vous engager. Vous recherchez sans cesse de nouveaux « produits » amoureux, au « rapport qualité/prix » le meilleur possible. Vous suivez ces dits produits et les remplacez plutôt que les conserver. Vous changez d'ordinateur non parce qu'il ne marche plus, mais parce qu'il est « obsolète ». Cette hantise contemporaine de l'obsolescence, du toujours mieux envahit les relations amoureuses. Et pas seulement sous la forme du zapping à l'adolescence. Les valeurs individualistes prennent ainsi de plus en plus de place dans le panier à provision que sont devenues nos vies. Elles vont de pair avec ce consumérisme et fragilisent les couples et la durée de leur existence. Autrefois, la vie privée se faisait au sein du cadre conjugal ou familial. Il restait le fondement du lien entre les partenaires. De nos jours, si l'on croit que ce cadre n'est plus conforme à sa vie personnelle, on en change. Le soi prime finalement sur le nous. L'herbe semble toujours plus verte ailleurs, tant pis pour « nous » !

Mauvaise pioche

Vos choix amoureux vous conduiront paradoxalement à retrouver souvent des partenaires passés qui vous ont fait souffrir et que vous aviez fini par quitter ou le contraire. Vous êtes parfois fascinée par des hommes qui ne sont pas faits pour vous, vous ne le savez que trop bien, mais ce sont toujours les mêmes lumières qui vous attirent. Votre inconscient vous entraîne dans des méandres de la vie qui auront le goût du déjà-vu. Vous répéterez la même rupture, et vous ferez le tour du même manège, revivrez les mêmes échecs. En particulier, si vous êtes fascinée par les spécialistes de la séduction, sans distinction de sexe, sirènes d'Ulysse, Dom Juan ou Casanova.

On qualifie volontiers les expertes en séduction de personnalités hystériques ; ces femmes ont le parfum qui attire, le comportement qui séduit. Peut-être faites-vous partie de celles-ci ? Vous cherchez alors tellement à plaire que vous vous inscrivez totalement dans le désir de l'autre. Votre existence est un reflet, votre personnalité est le miroir de ce désir. Votre règle de conduite : « allumer », et ne jamais éteindre, pour ne jamais vous éteindre. Ces femmes cherchent avant tout à être rassurées et n'ont de cesse de rechercher le regard de l'autre. Fondamentalement, elles cherchent un maître pour en faire un esclave. L'amour se transforme alors en combat. Quelle difficulté et quelle souffrance pour trouver la paix, tandis que leurs victimes masculines, une fois tombées dans leurs filets, ne les aiment que pour leur apparence d'« hyperfemme » !

Les Dom Juan et les Casanova ne manquent pas. La littérature romanesque regorge de personnages de ce genre. Le Dom Juan collectionne les conquêtes. Comme le dit Michel Reynaud[1], « puisant son plaisir dans l'affrontement à la Loi et dans le bafouillis de l'interdit,

1. Michel Reynaud, *L'amour est une drogue douce*, Paris, Laffont, 2005, p. 75.

il cherche à séduire la femme d'un autre, se lance dans la quête d'une femme impossible à "avoir", l'abandonne sitôt son forfait accompli ». De son côté, les Casanova ne sont pas plus enclins à rendre une femme heureuse. « Ils tombent éperdument amoureux [...]. Mais de façon successive, avant d'être frappés d'amnésie dès qu'ils aiment ailleurs. »

Pourquoi sont-ils ainsi ? Fouillons dans le passé de ces hommes pour comprendre que chez eux le plaisir de la conquête est plus fort que l'attachement. Le Dom Juan cherche à avoir un maximum de femmes à défaut de pouvoir en être une ou à prendre la femme d'un autre à défaut d'avoir pu prendre celle de son père dans le cadre d'un complexe d'Œdipe mal résolu. Le Casanova, quant à lui, fonctionne comme un toxicomane du désir, à la recherche d'un « flash » à chaque nouvelle rencontre. C'est la nouveauté qui crée une passion que ces hommes prennent pour de l'amour. Tout se passe comme s'ils recherchaient en vain à retrouver le sentiment d'amour transi qu'ils éprouvaient pour leur mère, à l'image du premier « flash » des toxicomanes que ces derniers rechercheront plus tard sans jamais le retrouver.

Si vous avez été victime de l'une ou de l'autre de ces figures à plusieurs reprises, cherchez dans vos propres motivations, conscientes ou non, ce qui vous mène à choisir encore et encore un tel homme. Est-ce l'impérieux désir d'être celle qui réussira là où toutes les autres ont échoué ? Ou un désir de communion avec toutes celles qui ont précédé ?

Toutes les relations de couples ne reposent pas sur des liens pluriels. Si le lien conjugué au singulier jusqu'à présent disparaît, il est logique que votre couple se défasse. La jeunesse et la beauté vont être les attraits pour beaucoup d'entre vous qui créeront le lien et fonderont le couple. Aimer un homme ou une femme pour sa beauté est parfois la seule façon d'aimer pour certains car cette beauté représente l'essentiel de leur manque-à-être.

La puissance financière d'un individu, et celle-ci uniquement, fait aussi naître en vous le sentiment et l'attraction amoureux. La sécurité matérielle est un facteur d'union de bien des couples. Peut-être est-ce votre cas ? Il ne faut pas y voir du cynisme. Le développement affectif de nombreux individus s'est fait sur le mode suivant : ils ont investi leur libido sur ce type de manque et ont mélangé, du fait de la façon dont ils ont été aimés, le verbe aimer et le verbe posséder, la possession amoureuse et la possession matérielle. Ils ont mêlé l'« être aimé » et l'« avoir », réuni celui qui « a » avec celui qui « donne à voir ». De même, vous pouvez aimer un homme pour sa puissance financière quand vous voyez dans sa bourse la virilité qui vous comblerait. Quand cet attrait n'a plus cours, quand le décor disparaît, quand on est à l'abri du besoin ou que le besoin renaît car l'argent vient à manquer, le couple se défait.

Le coup de foudre, et après...

La passion amoureuse ne mène pas toujours, loin s'en faut, à des relations de couple durables. Un coup de foudre, c'est un coup, c'est-à-dire une violence qu'il fait subir aux individus qu'il atteint. Violence de vos sentiments, de vos émotions, de votre désir physique. Un tiers des rencontres amoureuses survient après un coup de foudre.

Un coup de foudre aveugle et fait perdre conscience. La réalité telle qu'elle est perçue se modifie sous sa coupe. La passion, au sens pur du terme, ne dure généralement pas car elle met en danger la raison. Vous pouvez redescendre du septième ciel en douceur ou brutalement. La tempête émotionnelle et sexuelle laisse alors place à un paysage amoureux serein, complice, harmonieux, tendre, affectueux, romantique, fait de tolérance et de sollicitude. Il arrive aussi que ce paysage soit désert. La rencontre, baignée par le désir et l'illusion amoureuse, ne dépasse pas toujours la rencontre des corps. Si les liens émotionnels, culturels, langagiers, affectifs et les mythologies personnelles ne sont pas présents, le compagnonnage amoureux devient impossible et les êtres se séparent.

Ce n'est pas toujours la faute de l'autre

Les ruptures amoureuses n'ont pas toujours pour cause l'extinction naturelle de la passion ou la disparition par érosion de l'amour. On se quitte souvent alors que l'amour existe encore. La violence des séparations est alors souvent due à ce reste d'amour qui empêche de se séparer simplement dans l'indifférence des cœurs.

Pour revenir sur le motif le plus courant des ruptures, l'infidélité n'équivaut néanmoins pas toujours à un problème de votre couple *stricto sensu*. L'infidélité de votre compagnon ne vous impose pas une remise en question personnelle. Et votre propre infidélité ne s'explique pas toujours par les failles de votre partenaire. Chez les hommes comme chez les femmes, il peut s'agir d'un besoin d'aventure ou de nouvelle excitation si les autres domaines de la vie, notamment professionnels, n'en fournissent pas suffisamment. Manquer de confiance en vous, avoir le besoin d'être rassurée de nouveau par l'autre entrent également en ligne de compte. Il peut aussi exister une crainte de votre part de subir une rupture, et vous vous assurez ainsi d'autres attaches au cas où.

Une fois les enfants venus

L'arrivée d'un enfant, naturel ou adopté, est un bonheur absolu pour un couple et un moment fondamental. Cette « naissance » nourrit la cohésion entre votre partenaire et vous. À l'inverse, l'enfant qui manque motive très souvent la séparation du couple. Un couple sans enfant serait statistiquement deux à trois fois plus fragile qu'un couple ayant un ou plusieurs enfants de moins de 6 ans. Ensuite, les statistiques changent et un couple sans enfant a autant de risques de se séparer que ceux qui ont de grands enfants.

À noter que l'absence d'enfant garçon est un facteur de risque pour l'union du couple et augmente la fréquence des séparations. Ainsi un couple n'ayant que des filles est statistiquement plus fragile qu'un couple ayant au moins un garçon. L'investissement du père dans son rôle est sans doute renforcé par la présence d'au moins un garçon. Cet investissement du père devient une source de satisfaction chez la femme et renforce la stabilité au sein du couple.

Pourtant, la présence d'un ou plusieurs enfants autour du couple le déstabilise également, car votre rôle et celui de votre partenaire se modifient d'autant. La naissance de cet enfant arrive parfois trop tôt, avant que vous n'ayez vraiment pu apprendre à vivre ensemble ou même quand rien ne la laissait prévoir. Pour la mère, la fatigue et le stress vont fréquemment de pair avec la manière dont elle répond aux besoins du nouveau-né.

Vous vous sentez débordée, vous estimez que votre compagnon vous soutient insuffisamment (ce qui n'est pas toujours faux…). La grossesse vous a peut-être fragilisée sur le plan psychologique. Durant cette période, vous doutiez de vous-même comme mère mais aussi comme femme. C'est le cas de Sandra.

Elle a connu une période dépressive après la naissance de son premier enfant, dépression qui est passée inaperçue pendant plusieurs mois. Elle se repliait sur elle-même et s'éloignait de son mari. Celui-ci ne comprenait pas l'origine de cette prise de distance, il croyait qu'elle venait d'un désamour ; déçu, le mari de Sandra est devenu agressif vis-à-vis de sa femme, ce qui a renforcé son état dépressif. La fête de la naissance était gâchée pour tous les deux.

Camille, après la naissance de sa fille, rejette son compagnon alors que leurs relations étaient jusqu'alors excellentes. Elle se refuse à lui et ne ressent plus aucun plaisir en sa compagnie. Cela aboutit rapidement à une séparation, et ce n'est que plus tard qu'elle réalisa que son attitude n'était pas sans rapport avec son passé. À sa naissance, son père avait quitté sa mère et Camille ne l'avait revu que plusieurs années plus tard. Inconsciemment, elle a reproduit cette situation comme pour tenter de lui donner un sens et de se donner l'illusion d'être maîtresse d'une situation dont elle avait été la victime impuissante.

Pour un homme également, l'arrivée d'un enfant déclenche de profonds changements. Certains deviennent très angoissés face à leurs responsabilités futures en tant que père. Surtout si leur propre père avait eu du mal à assumer les siennes et n'avait pu montrer un bon exemple. Pour d'autres, c'est l'angoisse de mort qui survient avec la naissance d'un enfant. Les hommes n'en ont pas toujours conscience, mais ils réagissent parfois ainsi : ils quittent le foyer familial, ils s'engagent dans une autre histoire sans savoir que l'angoisse de mort est le mobile de ce comportement de leur part. En effet, avec la naissance d'un fils ou d'une fille, ils changent de génération, ce qui les rapproche de la mort. Selon l'expression, un enfant vu en consultation, « les enfants ont trois vies, les parents deux et les grands-parents plus qu'une ».

L'enfant qui arrive peut chez d'autres hommes devenir un rival. La relation très forte qui existe entre leur enfant et leur épouse les contrarie. Il existe aussi des hommes qui revivent inconsciemment la naissance d'un petit frère ou d'une petite sœur qui leur avait « pris » leur maman. Ils déplacent la rivalité d'alors qu'ils n'ont pas « digérée » et la font porter sur leur propre enfant. Celle-ci est évidemment renforcée si la mère n'y prend garde et néglige le père de l'enfant. Ainsi naissent des conflits éventuels qui provoquent des séparations.

Une fois le complexe d'Œdipe arrivé

Votre enfant devenu grand est ravi d'avoir ses parents unis au-dessus de lui. Cela ne l'empêche d'avoir envie d'une relation exclusive avec l'un des deux. Dès 3-4 ans, l'enfant développe une rivalité entre l'un de ses parents et l'autre, selon un processus normal : c'est le complexe d'Œdipe. Une telle rivalité est normale et les parents s'en amusent. Il arrive toutefois que les enfants se montrent particulièrement pénibles et fassent caprices sur colères pour bénéficier de l'attention exclusive d'un des deux parents. Si le couple présente quelques faiblesses, le comportement de l'enfant durant cette phase jettera éventuellement de l'huile sur le feu, augmentera et ravivera les discordes entre parents.

Le temps de l'adolescence

Les turbulences qui accompagnent les remaniements de l'adolescence retentissent sur la vie de famille et sont à l'origine de nombre d'inquiétudes et de désaccords. Des disputes naissent ou reviennent sur le tapis concernant l'éducation des enfants à cet âge. Les adolescents excellent parfois pour se liguer avec un parent contre l'autre selon des mouvements œdipiens dont ils n'ont pas conscience. Ces derniers sont de véritables coups de boutoir pour le couple. De plus, la transformation physique et l'accession à la puberté des enfants occasionnent des remises en question chez chacun des parents. Vous prenez conscience du temps qui passe de manière particulièrement brutale et vous devez faire le deuil du petit garçon ou de la petite fille que vous aviez. Il n'est pas rare que l'adolescence d'un enfant soit à l'origine d'angoisses et de dépressions chez l'un ou l'autre des parents, ou chez les deux.

Et maintenant, à votre tour !

La crise qui survient au milieu de l'existence est surtout l'apanage des hommes. Mais la femme que vous êtes vit souvent la même chose. La ménopause qui arrive est souvent vécue comme une défaite de la féminité. Période de turbulence pour le couple !

La difficulté d'en finir

La rupture, surtout si les protagonistes ont eu des enfants, est une procédure extrêmement longue. Le juridique n'a pourtant rien à voir avec la distance psychique qui lie les parents. Certaines séparations sont interminables, se comptent en dizaines d'années. Chaque histoire est différente. Ce n'est pas parce que vous avez divorcé élégamment, que vous avez su recréer une relation harmonieuse et amicale avec le père de vos enfants, que l'homme que vous venez de rencontrer aura la même attitude avec son ex-femme. Le temps n'est pas le même pour tous afin de « déconstruire » une union. Les cas diffèrent, plus ou moins simples, difficiles, douloureux.

Si l'homme que vous venez de rencontrer est en train de divorcer, sachez qu'il aura besoin de temps pour clarifier sa situation antérieure même si le jugement de divorce est prononcé. Comptez en années et non en mois le temps nécessaire pour qu'il arrive à se « remettre en place », à pouvoir de nouveau être prêt à vivre une histoire d'amour. Combien de fois avons-nous rencontré des femmes qui minimisaient ce temps et montraient des exigences trop fortes à l'égard de l'ex et de ses enfants !

Nous voici parvenus au terme de ce petit panorama des raisons les plus fréquentes qui font vaciller les couples et peuvent conduire à la rupture. Passez-les en revue. Examinez tout ce qui a précédé la crise. Interrogez-vous sur les raisons qui ont pu le pousser à l'infidélité ; demandez-vous pourquoi vous étiez si souvent absent. Pourquoi l'autre était-il insatisfait ? Que s'est-il vraiment passé ? Revenez sur toutes les causes évoquées afin d'éviter de vous perdre en avançant sur de fausses pistes. Non, il n'a pas seulement été envoûté par cette intrigante rencontrée il y a trois mois à un dîner entre amis. Non, elle n'est pas partie seulement parce que vous n'êtes pas encore devenu directeur général de votre entreprise. Ne croyez-vous pas au fond de vous que ce serait trop simple s'il en était seulement ainsi ?

Mais ne vous dévalorisez pas. L'objectif n'est pas de vous paralyser, de vous humilier, de vous culpabiliser. Le but est de vous redonner un avenir une fois que vous aurez coupé les liens. Cela vous évitera de répéter les mêmes schémas lors de votre prochaine union.

Cette analyse vous permettra aussi de regarder en face le temps qui a passé, vos enfants qui ont grandi, les histoires vécues en commun. Et si vous êtes encore dans la tristesse et la colère, de commencer à entrevoir que votre rupture n'était sans doute pas un cataclysme tombant du ciel, mais que toute l'histoire que vous avez vécue n'était pas non plus de bout en bout une tragédie désespérante. Voilà, votre regard sur ce que vous avez vécu et sur vous-même peut ainsi commencer à changer. Et si vous ne parvenez pas à accomplir vous-même ce petit travail d'introspection, si vous ne réussissez pas à sortir des explications faciles, de la diabolisation de l'autre et du dénigrement de vous-même, sachez que certains médecins spécialistes du couple sont là pour vous aider à y voir plus clair. Vous gagnerez sans doute du temps à les consulter.

CHAPITRE 3

Lever les obstacles familiaux

Encore pris dans votre lourd passé, vous avez parfois le sentiment de répéter la même histoire d'amour. De tomber amoureuse d'hommes qui se ressemblent tous et de vous en séparer chaque fois aussi douloureusement. Vous êtes paralysé, croyant que vous ne pourrez jamais quitter ces modèles détestables, ces femmes qui vous rendent la vie impossible. Décidément, rien ne changera jamais... Cette impression contribue d'ailleurs à votre dépression. Où est l'issue ? Que faire ? Comment vous détacher du mouvement qui vous entraîne à revivre les mêmes situations, à rejouer la même partition avec les mêmes fausses notes ? Vous en savez plus, désormais, sur les raisons qui peuvent expliquer votre rupture, mais que faire pour que cela ne se reproduise pas ? Comment retrouver une certaine confiance dans l'avenir ?

Le hasard ou la chance ne sont en effet pas les seuls facteurs qui vous feront rencontrer celui ou celle que vous pourrez aimer. Mais tout n'est pas non plus affaire de destin, rien n'est écrit. Les chemins qui conduisent à l'amour sont parsemés de fleurs, mais aussi de mauvaises herbes. Il vous semble difficile de trouver l'âme sœur ? Peut-être parce que vous ignorez encore quels obstacles sont ancrés en vous, dans votre âme et votre cœur.

Au premier chef, il y a votre famille. Elle est présente, elle vous entoure, elle vous réconforte, elle vous aime, mais... elle vous retient aussi dans ses filets sans que vous en ayez conscience. Combien de traits d'éducation, combien de prophéties prononcées ou tues pèsent sur vous ! N'oubliez pas non plus les légendes, les secrets de famille qui se passent de génération en génération... Une fois toutes ces influences insidieuses effacées, vous serez libre de quitter la pesanteur du passé. Place ensuite dans votre vie amoureuse à la lumière !

Rompez avec la fatalité

Avez-vous presque tout le temps le sentiment d'effectuer vos propres choix amoureux loin des regards de votre famille ? Ce qui vous attire chez l'autre résonne dans votre histoire familiale, de façon consciente ou non.

> Comme le raconte Madeleine, qui a pris soin durant de longues années de son père malade et qui a épousé après son décès Rodolphe, de vingt ans son aîné : « Je ne me suis jamais sentie à l'aise avec les hommes de mon âge. Je sais que Rodolphe me rappelle mon père. Et alors ? L'important, c'est que nous soyons bien ensemble. »

Parfois, le choix est moins clair.

Maud n'a jamais compris pourquoi sa fille Jeanne avait épousé Gaétan. Quinze ans après, elle se posait toujours la même question. Jeanne semblait heureuse avec cet homme qui « ne lui arrivait pas à la cheville ». Elle ne savait visiblement pas lire entre les lignes. Certes, Gaétan était issu d'un milieu social différent, très populaire, alors que Maud revendiquait de lointaines origines aristocratiques. En fait, si on s'intéressait de plus près à son arbre généalogique, on pouvait déjà découvrir une rupture. Un grand-père avait tout sacrifié pour les yeux d'une belle servante et avait été rejeté par sa famille. Un vrai conte de fées ! Jeanne montrait à la génération suivante que le choix du cœur comptait plus que tout.

« Les chiens ne font pas des chats » : on connaît l'adage et on peut le vérifier tous les jours, même si les chiots se déguisent ou se prennent pour des chatons. Vous vous estimez différent de vos parents, vous le croyez dur comme fer, et vous vous appliquez même à vous différencier. Détrompez-vous. Votre façon d'être, vos goûts, votre perception des autres sont modelés avant tout par votre environnement familial. Les enfants de restaurateurs sont élevés en connaisseurs de la bonne chère et des bons vins. Les rejetons de musiciens sont baignés dans Chopin, le jazz ou le rock. Les parents sportifs habituent leurs enfants à pratiquer le football, le vélo, la plongée. Ceux qui sont bricoleurs passent leur week-end dans leur garage à réparer, ajuster, poncer. Une grande partie de vos attitudes, de vos pensées, de vos manières d'être vous est transmise par des processus d'identification ou par imitation. C'est ainsi que, pièce à pièce, vous endossez, souvent à votre insu, les vêtements de vos parents.

C'est ainsi que ce que vous appelez si facilement la fatalité n'est souvent qu'une histoire familiale qui se transmet au fil des générations. Votre vie suit des scénarios qui répètent consciemment ou inconsciemment les histoires de vos parents ou de vos grands-parents. Surgissent alors des moments où vous vous sentez coupable sans que ce soit aucunement de votre faute. Peut-être ressemblez-vous à Faustine.

> « Je ne comprenais pas pourquoi je restais seule ou ne fréquentais que des hommes qui ne voulaient pas d'enfants, alors que j'aspirais tant à la maternité. J'ai décidé de commencer une psychothérapie et j'ai compris que j'étais freinée dans mes aspirations par l'accident gravissime de ma sœur aînée qui ne pouvait plus avoir d'enfants. Je m'interdisais cette possibilité par solidarité inconsciente. »

Vous ne rencontrez que des hommes mariés ou qui habitent dans des contrées lointaines ? Ces choix répétitifs ont un sens dans votre histoire. Chaque « cas », chaque existence est unique. On peut cependant risquer certaines explications. Choisir des situations impossibles, peut-être est-ce votre façon de « réussir à échouer » régulièrement, comme si vous vouliez obstinément « faire vous-même votre malheur », allusions au titre de deux livres de Paul Watzlawick[1]. Vous ne parvenez pas à sortir des situations d'échec, vous ne quittez pas votre position actuelle, votre inconfortable confort ? Parfois, il s'agit d'une forme de

---

1. Paul Watzlawick, *Comment réussir à échouer*, Paris, Le Seuil, 1988, coll. « Points » ; *Faites vous-même votre malheur*, Paris, Le Seuil, 1984.

masochisme ou d'un lien trop fort avec votre famille d'origine. Ou encore vous répétez la même expérience que l'un de vos parents. Par exemple, les femmes victimes de certaines situations pathologiques comme la dépendance à l'alcool ont souvent eu des pères en proie à la même dépendance.

Vos parents désirent une foule de choses pour vous et votre vie, mais ils ne sont pas toujours d'accord sur le meilleur chemin à suivre. Vous êtes alors la victime cachée de ces missions impossibles qui vous conduiront parfois à de véritables drames et qui engendreront de permanentes hésitations. Combien de gens qui divorcent s'entendent dire par leurs parents, qui n'avaient cessé d'être critiques : « C'est bien dommage, finalement on s'était habitué. Maintenant, tu ne trouveras personne d'autre... » Vos parents déclarent sans cesse qu'aucun homme n'est assez bien pour vous ? En fait, ils désirent vous garder pour eux. La complexité des liens familiaux est toutefois si grande que de telles simplifications ne sont pas toujours vraies. Retenez surtout que votre passé, votre histoire a et aura un impact réel, et ce quels que soient votre âge et votre mode de vie.

Il importe donc que vous vous interrogiez sur les exigences de vos parents, sur leurs attentes, sur les choix qu'ils ont eux-mêmes faits. Remontez même plus haut. Car ces liens conjugaux retentissent aussi sur vous.

Les attentes de vos parents peuvent aussi diverger entre votre mère et votre père, ce qui aboutit à des loyautés scindées en deux. Écoutons Catherine :

> « J'ai rencontré Jackson, un Américain d'origine africaine : je n'ai compris que bien plus tard qu'il réunissait l'enfance de mon père, en Côte d'Ivoire, et la fascination

de l'Amérique qu'éprouvait ma mère. Notre liaison a été tumultueuse et, après une douloureuse rupture, j'ai fait la connaissance d'André, un beau Breton aux yeux bleus qui m'a fait découvrir les beautés de la France. »

Dès le premier regard, votre éducation se voit. Votre façon d'exprimer vos émotions, la manière dont vous vous conduisez en société, jusqu'aux tonalités de votre voix, sont issues du bain familial dans lequel vous avez été immergé. Pour ceux qui craignent de changer, ne croyez pas qu'il faille jeter le bébé avec l'eau du bain. Se séparer de ce qui vous gêne dans cette transmission familiale ne signifie pas porter atteinte à l'ensemble de votre personnalité. Et vous ne manquerez pas non plus de déférence ou de loyauté vis-à-vis de votre famille en effectuant ce mouvement[1].

À l'inverse, certaines personnes décident par rejet familial d'adopter un comportement radicalement opposé à celui qui leur a été transmis. De telles attitudes extrêmes masquent en fait souvent une grande dépendance vis-à-vis de la famille. Il ne s'agit alors que des deux faces d'une même pièce. On persiste à agir en référence à ses tuteurs, quitte à observer l'exact contraire de ce qu'on a été enjoint de faire et d'être. Si vous souhaitez devenir véritablement indépendant, triez de façon réfléchie l'héritage de ce que vous avez reçu alors que vous étiez enfant. D'un côté ce qui vous convient, de l'autre ce qui ne vous convient pas. Mais il peut être délicat de procéder à votre autoanalyse de façon objective, surtout pour ceux ou celles dont l'estime de soi est faible. Et qui prennent cette

---

1. C. Ducommun-Nagy, *Ces loyautés qui nous libèrent*, Paris, J.-C. Lattès, 2006.

analyse pour de l'autocritique et qui, par crainte de se dénigrer, refusent de voir les points noirs. Une aide extérieure peut donc être utile.

Libérez-vous des prophéties portées sur vous

Dans certains contes pour enfants, les fées se penchent sur le berceau pour prédire au bébé son destin… comme dans *La Belle au Bois dormant* des frères Grimm.

> « La reine donna le jour à une fille. Elle était si belle que le roi ne se tenait plus de joie. Il organisa une grande fête. Il ne se contenta pas d'y inviter ses parents, ses amis et connaissances, mais aussi des fées afin qu'elles fussent favorables à l'enfant. Il y en avait treize dans son royaume. Mais, comme il ne possédait que douze assiettes d'or pour leur servir un repas, l'une d'elles ne fut pas invitée. La fête fut magnifique. Alors qu'elle touchait à sa fin, les fées offrirent à l'enfant de fabuleux cadeaux : l'une la vertu, l'autre la beauté, la troisième la richesse et ainsi de suite, tout ce qui est désirable au monde.
>
> Comme douze des fées venaient d'agir ainsi, la treizième survint tout à coup. Elle voulait se venger de n'avoir pas été invitée. Sans saluer quiconque, elle s'écria d'une forte voix :
>
> — La fille du roi, dans sa quinzième année, se piquera à un fuseau et tombera raide morte. »

Dans la vraie vie, les fées, bonnes ou mauvaises, ce sont les membres de la famille qui s'extasient sur le bébé ou, au contraire, se plaignent, font des critiques et des commentaires, collent des étiquettes qui laisseront une empreinte pendant de longues années.

Les parents, en particulier, répètent au quotidien des phrases qui marqueront pour toujours sans qu'on le sache, si on ne les retrouve pas pour mieux les éloigner. Ils imputent autant de qualités que de défauts, réels ou imaginaires, qui deviennent ainsi autant des vérités. Les ressemblances, vraies ou fausses, imprègnent l'identité de l'enfant : « Elle a le nez de l'oncle Jean » ; « il a la démarche d'un éléphant ». Les jeunes sont comparés aux aînés et c'est douloureux lorsque l'on est enfant de se sentir critiqué, de ressembler à une personne adulte. « Ce sera un voyou, car il nous ment déjà » ; « elle réussira, car elle est jolie et n'a pas peur de fixer les hommes » ; « elle a tellement mauvais caractère qu'elle ne se mariera jamais ». Même des expressions anodines, plus ou moins affectueuses en apparence, peuvent par la suite peser lourd : « mon petit », « ma grosse », etc. C'est faire le lit au destin, c'est déjà enfermer dans une histoire.

De tels propos sont énoncés sans précaution ni discernement. Mais l'enfant réalisera plus tard le destin qu'on lui a prédit, car il sera incapable de s'imaginer différent. Trop souvent les parents reprennent ainsi des prophéties négatives[1] qui s'ancrent dans la mémoire de l'enfant et font office de vérité. C'est ainsi que parfois ils étouffent sa confiance en lui. Ensuite, ces certitudes d'emprunt sont renforcées au fil des ans par ce qu'il vit ; si l'on a été qualifié d'égoïste, on le sera… sauf si l'on adopte par réaction une attitude très altruiste, très généreuse. Mais même ce comportement réactionnel n'est

1. Sylvie Angel, *Ah ! quelle famille*, Paris, R. Laffont, 2003.

qu'un dérivé de la prophétie première. C'est ainsi que l'on fabrique des destinées de femmes égoïstes, moqueuses, insatisfaites, sans féminité ou inhibées.

> Chez les Martel, on critique, on trouve toujours le travers des gens. Jeanne Martel amusait beaucoup par son franc-parler, ses piques caustiques, mais elle éloignait les hommes car elle les critiquait d'emblée...

En prenant un peu de recul, examinez ce qui vous a façonné afin de changer d'attitude dans vos relations, si vous le désirez. Faites le tour de la question, explorez ce qui, dans votre personnalité, fait le lien avec celles de votre entourage ; analysez certains de vos comportements qui reprennent étroitement ceux de vos proches. Si vous remarquez alors à quel point ils pèsent sur vous, changez de perspective, regardez-vous d'un autre œil, et réfléchissez à ce que vous pourriez changer à l'avenir.

Divorcez de vos parents !

Votre histoire est étroitement liée à celle de vos parents. Vos parents transmettent des choix, des valeurs qui sont les leurs et qu'ils affichent. Certains choix s'avèrent parfois plus complexes, mêlés d'oppositions, de paradoxes. Un père militaire sera heureux que son fils entre dans l'armée, mais il sera étonné de le voir sombrer dans la délinquance et devenir apparemment son opposé. En fait, il aura transmis à son enfant sa fascination inconsciente pour la transgression. Des désirs inconscients, refoulés, émergent chez les enfants qui exécutent à leur insu le programme officieux des parents. C'est ainsi qu'un père ou une mère peuvent provoquer des comportements amoureux instables, qu'ils approuvent ou soutiennent, car ils y voient les aventures multiples qu'ils auraient eux-mêmes aimé vivre. De même, certaines filles, élevées comme des garçons, surinvestissent leur vie professionnelle sans tenir compte de leur vie relationnelle et affective. Elles le comprennent trop tard, quand l'âge d'avoir des enfants est passé.

D'autres attentes parentales infléchiront autrement le destin des femmes. Aux siècles précédents, l'aînée d'une famille nombreuse devait suppléer sa mère dans les tâches ménagères et s'occuper des petits. Nombreuses sont celles qui se sont consacrées à leur famille d'origine, ne réussissant pas à construire leur propre foyer. Une des filles devait aussi servir de « bâton de vieillesse » pour ses parents. On trouve alors là le sens caché des prophéties portées sur elle à la naissance. Dans les familles nombreuses, il y a souvent un enfant qui est désigné pour cette fonction future. Les filles et les derniers-nés sont davantage sollicités que leurs frères et sœurs pour aider les parents handicapés, malades, ou en fin de vie.

Combien de filles uniques restent trop proches de leurs parents dans l'idée qu'elles doivent avant tout les aider ! Nombre de parents créent parfois des liens plus intenses avec leurs enfants qu'avec leurs partenaires. Ainsi, une mère insatisfaite de son couple trouvera chez sa fille une oreille attentive, menant à une grande complicité entre elles. Cette proximité trop importante freinera l'autonomie de sa fille. De nombreuses adolescentes deviennent les confidentes de leurs mères, partagent même leurs fantasmes, sont au courant de leur infidélité et se retrouvent prisonnières dans des conflits de loyauté.

Ce lien privilégié peut se créer aussi entre un père et sa fille. Face à une épouse revêche et insatisfaite, quel plaisir pour lui d'être admiré par sa fille, de partager des moments intenses avec elle ! De telles relations, qui ne sont pas pour autant incestueuses, reposent sur l'ambiguïté. Aujourd'hui, alors que de multiples couples se séparent, cette situation se répand. L'adolescent, on le comprend, aura encore davantage de mal à trouver quelqu'un d'aussi « formidable » que Papa ou Maman.

À l'inverse, un père trop distant exigera trop de sa fille et dans trop de domaines. Elle aura le sentiment de ne jamais faire assez bien pour être reconnue par lui. Ou encore, une mère soumise à un homme autoritaire, ou au contraire une mère excessivement indépendante et un père trop falot induiront chez leur fille la nécessité d'attitudes opposées.

> « Ma mère n'a jamais travaillé, elle n'a jamais pu exprimer sa personnalité, elle était très dépendante de mon père. Je ne serai jamais comme cela, je ne dépendrai jamais de qui que ce soit », relate Caroline.

Vos parents ont divorcé, et vous êtes si rapide à vous marier toute jeune pour tenter de fonder une vraie famille que vous divorcerez peut-être dans la foulée. Votre choix était trop prématuré et vous étiez surtout pressée de partir de la maison. Combien de jeunes se marient ou se mettent en concubinage pour s'émanciper du cocon familial ! Ils choisissent un partenaire conforme ou totalement opposé au fonctionnement de leur famille, et il leur faut du temps pour comprendre ce qui les a poussés à cet engagement trop précoce.

Dans d'autres cas, le message envoyé est : « Marie-toi sans nous quitter. » On peut alors épouser son voisin de palier ou le fils des meilleurs amis des parents ! Mais le message peut également vouloir dire : « Marie-toi le plus vite possible, donne-nous un petit-fils et surtout divorce dans la foulée pour rester avec nous. » On assiste ainsi à des généalogies de mères divorcées avec enfants, véritables matriarcats modernes. De même les cas où les parents passent au crible les prétendants : trop petit ou trop grand, trop gros ou trop maigre, trop manuel ou trop intellectuel, trop de gauche ou trop de droite, trop jeune ou trop vieux. Le fiancé n'est jamais assez bien pour leur enfant. La fiancée est toujours trop jolie (pour être honnête) ou trop disgracieuse (pour le fils chéri), trop intelligente (pour être soumise) ou trop gourde. Bref, jamais aussi bien que Papa ou Maman !

Les fils invisibles qui tissent les liens

Souvent, le poids des exigences familiales stimule vos envies ou les freine. Des fils subtils, reliés à votre histoire, dictent souvent vos choix amoureux à votre insu. Vos parents vous influenceront tout au long de votre vie et même après leur mort. Vous avez beau devenir parent vous-même, vivre à des milliers de kilomètres de votre lieu de naissance. Ni le temps, ni la distance géographique ne vous font oublier vos racines.

De nombreux psychanalystes, comme d'autres théoriciens s'intéressant à la famille, ont souligné l'impact qu'ont sur nos comportements les attentes du groupe auquel nous appartenons, les « missions » qu'ils nous assignent formant autant de « loyautés invisibles », selon l'expression d'Ivan Boszormenyi-Nagy[1]. Un autre théra-

---

1. I. Boszormenyi-Nagy, G. Spark, *Invisible Loyalties*, New York, Brunner Mazel, 1984.

peute familial, Murray Bowen, a travaillé sur la transmission entre les générations[1]. Il a ainsi montré que l'on rencontrait un(e) partenaire qui avait le même degré d'autonomie que soi. Si vous êtes très lié à vos parents, vous rechercherez un compagnon ou une compagne qui aura le même sens de la famille. Vous choisirez aussi un partenaire à la recherche d'une famille qui s'intégrera parfaitement à la vôtre, délaissant la sienne, trop conflictuelle, trop distante. Les enfants uniques épousent plus souvent des enfants appartenant à une grande famille pour trouver une famille nombreuse qu'ils n'ont pas eue. Et si vous êtes très indépendant, vous ferez souvent un choix similaire.

Après tout, pourquoi pas ? Ne nous laissons pas aller à l'illusion selon laquelle nous nous définirions nous-mêmes, indépendamment des influences familiales, culturelles, sociales. Que nos comportements, que nos choix soient en partie déterminés par ces facteurs, tant mieux à certains égards. C'est ce qui fait de nous des êtres sociaux, insérés dans des filiations, des communautés, et non des êtres solitaires, grands prédateurs ou mercenaires, traversant le monde seuls. Mais toute la question est, pour vous, de savoir si les liens, les cadres, les influences subies vous ont aidé à vous épanouir ou bien, au contraire, s'ils ont trop bridé certains aspects de vous-même et vous ont conduit à faire des choix qui ont ensuite produit des crises, des ruptures. Nous ne rejetons pas la famille, bien au contraire. Nous ne plaidons pas pour une crise d'adolescence permanente. Non, nous souhaitons qu'avec le recul, vous fassiez, dans votre parcours et dans vos choix, la part de ce qui vous revient, de ce à quoi plus ou moins confusément vous aspirez, et de

1. Bowen Murray, *La différenciation du soi*, Paris, ESF, 1984.

ce que vous vous êtes cru obligé de choisir et de faire sous l'effet de ces liens, de ces cadres, de ces influences. Le moment est venu. Pour assumer en toute conscience ce que votre famille vous a transmis et y ajouter enfin votre pierre à vous. Sinon, vous ne sortirez pas de la répétition.

D'où viennent vos peurs et vos caprices ?

L'angoisse intoxique trop souvent l'amour ; c'est une maladie contagieuse que l'on attrape le plus souvent dans la famille. Elle se diffuse progressivement. Vos parents vous transmettent leur insécurité, leurs peurs sans qu'ils en soient conscients, ni vous d'ailleurs. Vous faites de l'anxiété ou des phobies une chose banale, mais elles vous privent d'une partie de votre liberté. Vous vivez avec ces craintes et vous faites comme s'il était normal d'avoir peur dans certaines situations. Vous avez l'impression d'être né ainsi. Or on ne naît pas angoissé, on le devient. Sans le savoir, vous vous pénalisez davantage que vous ne l'imaginez. Un partenaire sera vite agacé de devoir se plier à d'inutiles contraintes. Dans une situation contraire, c'est vous qui serez agacé.

À l'opposé, peut-être avez-vous hérité d'un excès d'assurance, peut-être êtes-vous l'une de ces femmes qui se sentent partout très à l'aise et s'autorisent à dire tout et n'importe quoi avec aplomb. Leur façon de s'affirmer, si l'on cherche un peu, ressemble fort à la culture familiale. Dans certaines familles, on a appris à être réservé, mais dans d'autres, on a l'habitude de dire ce que l'on pense partout et sans parfois tenir compte du contexte. Cette absence de retenue, véritable mode de vie dans certaines familles, peut, vous vous en doutez désormais, être mal acceptée par quelqu'un d'extérieur. Mais la famille n'est pas toujours coupable, ce serait mentir que de le dire. Sous le soleil méditerranéen, on est souvent plus extravertis que les gens du Nord.

Faites davantage que jeter un coup d'œil sur vos appréhensions ou sur les attitudes qui vous freinent dans votre vie personnelle et amoureuse en particulier. Combien de ratages amoureux, de malentendus et de conflits à cause d'eux ! Ainsi vos « caprices », comme disent bien des hommes, sont avant tout des peurs de votre part qui s'expriment sous la forme d'exigences.

> Sophie refusa de partir en week-end avec Jérôme, car il souhaitait conduire de nuit. Sophie avait été éduquée dans l'idée d'éviter tout danger, la conduite nocturne représentait pour elle des risques. Elle était terrorisée à l'idée de parcourir cent kilomètres le soir. Jérôme passait sa vie à rouler pour son métier ; il était ahuri et agacé par cette attitude.

Le cocon qui vous protège, que vous aimez, reflète vos troubles anxieux.

> Ainsi Romane demandait à son ami à chaque sortie de la raccompagner chez elle alors qu'elle vivait dans un quartier animé où régnait une grande sécurité.

Vous avez peur de prendre le métro, de vous retrouver dans un parking, dans un ascenseur : Comment vos parents affrontaient-ils de telles situations ? Vous n'aimez que la Bretagne ou les Pyrénées et vous n'avez aucune envie de courir le monde : n'y a-t-il pas derrière ces choix votre peur de prendre l'avion ? Regardez où vos parents passent leurs vacances. Qui dans votre famille a également peur de l'avion, de la voiture, des ascenseurs, du métro, des espaces clos ? Vous vous inquiétez pour savoir si vos proches sont bien rentrés le soir chez eux ? N'est-ce pas une habitude familiale de téléphoner pour dire que l'on est bien arrivé ? De tels comportements de votre part deviennent vite une contrainte pour ceux qui ne partagent pas les mêmes craintes avec vous. Les paradoxes sont nombreux et des peurs spécifiques cohabitent avec des comportements à risque, ce qui traduit bien la possible complexité et l'irrationalité de notre façon d'agir. Mais nos peurs ont des sources et y remonter permet de comprendre et de s'en détacher.

> Louise ne peut pas monter dans un avion ni dans un téléphérique, ce qui exclut les voyages et les sports d'hiver, mais elle raffole de la vitesse en voiture et à moto. Ses choix amoureux l'ont toujours conduite vers les adeptes des deux-roues plutôt que vers les moniteurs de ski.

Ne restez pas timide toute votre vie. Avec l'anxiété, la timidité est l'un des traits de caractère qui minent la vie de couple et gênent la rencontre avec l'autre : n'en faites pas une fatalité[1] !

> Salomé avait peur de parler en public, elle se taisait dès qu'elle se retrouvait avec plus de deux personnes. Elle

1. Christophe André et Patrick Légeron, *La Peur des autres*, Paris, Odile Jacob, 2000.

souffrait d'éreuthophobie (peur de rougir en public) tout comme sa mère. Ses parents ne recevaient jamais, vivaient en vase clos. Son père aurait été plus tenté d'avoir une vie sociale, mais, sa femme ne le supportant pas, il avait renoncé sans trop d'efforts. Salomé était « le portrait craché de sa mère » et avait intégré les mêmes peurs.

Éloignez tout ce qui vous empêche de vivre plus légèrement. Ayez envie de changer, vous verrez, cela vous fera grand bien. Et facilitera vos rencontres avec les hommes, car vous serez plus libre et plus à l'aise avec vous-même.

Vous n'êtes pas forcément ce que vous croyez être

Apprenez à ne plus croire ce que vous avez toujours « su » sur vous et sur les hommes et les femmes.

Ainsi, Édouard ne s'est jamais marié, car, héritier d'une grande fortune, ses parents lui avaient appris à se méfier des femmes en général : elles n'en voulaient qu'à son argent, bien sûr.

Renoncez par exemple à ce bon vieux sens populaire sur les hommes qui sont « tous pareils », obsédés, volages, égoïstes. Méfiez-vous des propagateurs de méfiance ! Combien de mères ayant vécu des histoires d'amour difficiles, qui avaient conduit à des ruptures, ont conditionné leurs filles à coups de prophéties négatives, conduisant ainsi à une rupture au premier malentendu ? « Je le savais bien, Maman avait raison... » Un homme vient de vous décevoir,

de vous trahir, et votre mère avait « vu venir le coup ». Comment retrouver la confiance dans ces conditions ?

Valérie avait souffert de la double vie de son père, qu'elle avait découverte à l'adolescence. Sa mère lui avait alors fait des confidences et lui avait expliqué qu'elle avait préféré faire l'autruche que de se rebeller à chaque aventure découverte chez son mari. « Mais, disait-elle, tous les hommes sont comme ça, on n'y peut rien. » Valérie s'était bien juré de ne pas avoir la même vie que sa mère.

Lorsqu'elle a commencé à sortir sérieusement avec son premier amour Frédéric, elle l'a mis au défi de lui prouver sa fidélité et son engagement. Ils se sont mariés et ont eu une petite fille, Noémie. Tout semblait se passer pour le mieux. Valérie avait créé une famille modèle, elle avait un mari en or. Frédéric, lui, se sentait surveillé. Les contraintes qu'elle lui imposait, il les avait acceptées comme on accepte beaucoup de choses les premières années, mais le temps passant, cela devenait difficile. Il devait appeler plusieurs fois par jour Valérie au travail, raconter tous les moments de sa journée. La moindre omission d'un détail survenu au cours d'un déjeuner entraînait des montagnes de reproches. Il n'était pas heureux avec cette femme trop intrusive.

Leurs relations se sont dégradées et, comme souvent, une collègue de bureau à l'oreille attentive s'est rapprochée de Frédéric. Comme il n'était pas homme à mener une double vie, il a annoncé à sa femme sa décision de la quitter. Valérie l'a harcelé, et il a fini par avouer qu'il avait rencontré quelqu'un, mais qu'il ne s'était rien passé. « Tous les mêmes », s'est dit Valérie dans son for intérieur.

La séparation a été douloureuse, voire violente, et Valérie s'est rapprochée encore plus de sa mère. Certes, celle-ci lui gardait Noémie lorsqu'elle voulait sortir le soir. « Un bon dîner entre copines, ça fait du bien », disait la mère. Valérie se disait qu'elle était encore jeune et voulait reconstruire sa vie. Mais chaque fois qu'elle rencontrait un homme, elle avait l'impression qu'elle connaissait son histoire : il était divorcé, il avait certainement été infidèle. Cette conviction édictée par sa mère se renforçait au fil du temps. Aucun homme ne pouvait (ni ne voulait) la rassurer. De son côté, Valérie ne se vivait que comme ancienne et future victime, et ne cherchait pas plus loin ce qui avait fait chavirer son couple.

Frédéric, lui, avait retrouvé une compagne, non pas sa collègue, mais une amie d'amis et il venait d'avoir un petit garçon.

Quant à votre sentiment d'échec, le regard de vos parents, une nouvelle fois, le conditionne. Leurs mots figent alors vos comportements. « Décidément, mon chéri, ça ne tourne pas rond avec les femmes », dit peut-être votre mère. Encore une façon de vous enfermer, sous couvert d'affection, dans un rôle de « perdant ». De même pour les études. Pourquoi avez-vous renoncé si facilement à certains de vos rêves d'adolescent ? Pourquoi n'avez-vous pas poursuivi certaines études ? Pourquoi certains, guère plus brillants que vous, se sont-ils accrochés et ont-ils fini par réussir, alors que vous, vous avez très vite lâché prise ?

Geneviève avait réussi le concours pour intégrer la deuxième année de médecine. Toutefois, elle était certaine d'échouer tôt ou tard, car sa famille lui avait toujours dit qu'elle avait des prétentions trop élevées.

Manuella abandonna ses études d'économie, car elle se sentait déloyale par rapport à ses parents et ses frères et sœurs. Aucun n'avait atteint le bac, alors des études supérieures l'auraient éloignée définitivement de sa famille.

Ceux dont on a dit très tôt qu'ils seraient « mauvais en maths » le deviendront vraiment, surtout si leurs parents étaient nuls en algèbre et en géométrie, car ils diront : « Ce n'est pas grave, il ou elle est comme moi. » Si on vous a rebattu les oreilles en disant que vous êtes né sous une mauvaise étoile, vous aurez plus volontiers un comportement qui vous sera préjudiciable tandis qu'à l'inverse, si on vous déclare né sous de bons auspices, vous attendrez et retiendrez de la vie le meilleur d'elle-même.

Les attentes conscientes et inconscientes des parents guident nos attitudes. Notre place dans la fratrie retentit aussi sur notre destin. John F. Kennedy ne serait probablement pas devenu président si son frère aîné, sur lequel reposaient les espoirs familiaux, n'avait pas été tué à la guerre[1]. De même, les fratries de même sexe savent qu'elles déçoivent leurs parents ; si on a déjà eu une ou deux filles, on voudrait un garçon. Les « garçons manqués » remplacent alors dans l'imaginaire parental le garçon tant attendu. Durant de nombreux siècles, les préférences étaient clamées. Aujourd'hui, il n'est pas « poli-

1. Sylvie Angel, *Des frères et des sœurs*, Paris, Robert Laffont, 1996.

tiquement correct » de préférer un garçon ou une fille. Toutefois, les parents souhaitent une alternance des sexes et rarement une fratrie unisexuée.

> Un père, qui avait eu trois filles, racontait combien il était heureux que sa fille se marie, car il allait enfin pouvoir regarder des matchs de football avec son gendre. Il s'entendit répondre de son aînée que c'était scandaleux : elle avait toujours accompagné son père à tous les matchs et même le dimanche matin, et ce depuis qu'elle était toute petite. Et le père de répondre : « C'est pas pareil ! »

Pour aimer librement, éloignez-vous des influences anciennes, prenez du recul par rapport à vos parents et sachez vous défaire de leur emprise. Vos parents vous ont transmis tant de choses, des bonnes comme des mauvaises. Difficile de reconnaître ce qui vous a été transmis. Observez les autres, autour de vous, vous verrez alors clairement comment vous ressemblez aux autres membres de votre famille. Pour grandir, n'oubliez pas que certaines composantes de votre personnalité freinent votre épanouissement amoureux. Adultes, taillez les haies de votre jardin intérieur sans vous couper ! Vous vivrez davantage en harmonie avec vous-même et élargirez sûrement votre horizon sentimental.

Rencontrer un partenaire et partager avec lui un avenir n'est ni simple ni évident. Remettez-vous en question, retournez-vous sur votre histoire, sur votre enfance, sur ce que l'on vous a permis, ce que l'on vous a interdit, ce qui était dit et ce qui ne l'était pas, sur ce qui vous pèse et ce qui vous allège. Contemplez votre famille comme si vous n'étiez pas l'un de ses membres, mais un observateur un peu éloigné.

Quittez vos craintes : vous avez peut-être eu le sentiment de ne pas être assez redevable à vos parents qui ont « tout fait pour vous ». Cette culpabilité peut vous jouer des tours dans les relations que vous tenterez d'établir avec un partenaire, car votre lien parental risque d'être plus fort et plus contraignant que celui que vous souhaitez créer. Retenez qu'il est impossible de régler la dette d'amour que l'on doit à ses parents. C'est avec d'autres, ses propres enfants, son partenaire, ses amis que cette dette d'amour peut se solder. C'est le principe de la chaîne de vie et d'amour. Dans la plupart des cas, s'éloigner, divorcer de ses parents, c'est leur rendre hommage. C'est ainsi leur manifester qu'ils ont réussi leur mission de parents : élever leurs enfants, mais aussi leur ouvrir la cage pour qu'ils prennent leur envol en toute sécurité.

Désormais éclairé sur les raisons et les facteurs qui ont pu expliquer votre rupture, éclairé sur vous-même, vous pourrez écarter ce qui vient de votre famille et qui ne vous ressemble pas et vous empêche d'être vraiment vous-même.

II

OUI, UN AVENIR EST POSSIBLE

CHAPITRE 4

Comprendre la femme qui est en vous

Même si vous êtes encore jeune, vous croyez que le temps a filé, que vous avez raté le coche, que la rupture a brisé toute votre existence amoureuse, que plus personne ne traversera votre vie et ne s'arrêtera pour vous. Si vous avez dépassé la cinquantaine voire la soixantaine, vous vous dites que votre âge est rédhibitoire. Ça y est, les masques sont tombés : fini le temps des amours, fini les moments d'émotions partagés à deux… Cessez de ne penser qu'au passé qui vous a fait tant de mal, à celui qui est parti sans laisser d'adresse, à ceux qui ne sont plus là pour vous consoler.

La deuxième chance en amour n'est pas une question d'âge. À chaque moment de votre vie, vous avez vécu des histoires d'amour et l'avenir vous en réserve d'autres. Il n'est jamais trop tôt ni surtout trop tard ! À condition que vous viviez cet amour selon votre âge.

De l'enfance à l'adolescence

L'intérêt et le sentiment amoureux varient entre les garçons et les filles, proches et complices pendant la petite enfance, plus éloignés ensuite, l'heure de l'école primaire venue. Après avoir pris leurs distances avec les garçons vers l'âge de 6 ans, les filles se mettent à beaucoup parler d'eux entre elles, surtout quand elles ont une dizaine d'années. Dans leurs conversations, « sortir avec un garçon » prend une certaine réalité, sans qu'elles sachent toujours très bien ce que cela recouvre. Quoi qu'il en soit, il s'agit avant tout de « sortir » des jupes de sa mère.

Chez les préadolescentes, le fait de sortir avec un garçon n'est pas lié directement à la puberté hormonale. C'est avant tout une convention sociale, une sorte de rituel lié à l'entrée dans l'adolescence. Pour « sortir », elles font leur demande aux garçons (ce n'est plus toujours eux directement qui prennent l'initiative), de manière parfois directe, mais la méthode la plus fréquente reste indirecte, *via* des intermédiaires, comme dans les pièces de Shakespeare ou de Marivaux.

Un peu plus tard, elles comme eux prendront conscience de leurs pensées sexuelles et un comportement sexualisé apparaîtra. Cette phase est liée aux changements hormonaux en vertu desquels filles et garçons ressentent désormais des émotions sexuelles. Chez la jeune fille toutefois, leur poids est relatif si on le compare aux facteurs environnementaux et sociaux dominant leurs pensées. En revanche, les motivations et les comportements sexuels des garçons dépendent davantage de leur biologie hormonale.

Dès l'âge de 11-12 ans, les relations amoureuses des préadolescentes suivent un code qui leur appartient. Elles en trouvent les recettes par exemple dans les magazines qui leur sont destinés, mais elles continuent de rêver aux techniques des sorcières de leur enfance, comme le confirme le succès de séries ou de livres tels que *Charmed* ou *Harry Potter*. Les adolescents construisent des mythes qui leur sont propres, mais qui reproduisent à leur manière ceux de la littérature, de Roméo et Juliette à Orphée et Eurydice ou Tristan et Iseult. Après tout, la mythologie, l'imaginaire n'est que variations sur un nombre de thèmes, de symboles finalement réduit. Beaucoup d'unions se font alors dans la transgression. C'est notamment le cas de celles qui apparaissent comme des « mésalliances » aux yeux de la tutelle parentale, lorsque le milieu social, le fonds culturel ou encore la religion des amoureux ne coïncident pas. Ces mésalliances sont alors autant de façons de se désengager de l'emprise familiale.

Plus les adolescents avancent en âge, plus l'amour et la sexualité deviennent un sujet de conversation. C'est entre elles que les jeunes filles préfèrent en parler plutôt qu'avec leurs parents. Les premières relations sexuelles ont un formidable pouvoir libérateur, qui confirme aux yeux de l'adolescente son éloignement affectif vis-à-vis des parents. Parfois, malheureusement, chez celles qui n'ont pas encore 15 ans, une relation sexuelle de ce type devient presque le seul mode d'émancipation et conduit à des relations trop précoces en regard de leur développement psychologique et affectif. La pratique sexuelle ne se vit pas de la même façon chez les jeunes adolescents et chez les plus âgés. En effet, les différents sentiments que l'adolescent ressent ne sont pas liés les uns aux autres. Ils vivent et voient leur corps comme celui de l'autre, sous forme parcellaire. La pleine puissance orgasmique n'est généralement pas obtenue à l'adolescence. C'est comme si l'adolescent se méfiait inconsciemment d'un transfert trop massif.

Dans les premières relations, chaque partenaire se concentre sur soi-même. Contrairement aux idées reçues, la plupart des adolescentes déclarent avoir eu leur première relation sexuelle avec un garçon qu'elles aimaient, y compris celles qui ont eu ensuite des relations multiples. Les filles sont plus prudentes au début que les garçons, par exemple en ce qui concerne la protection des rapports ; elles choisissent enfin un partenaire plus âgé de trois ans en moyenne qu'elles. Sans doute parce qu'elles préfèrent qu'il ait un peu d'expérience. Si le désir d'avoir des partenaires multiples est largement plus présent chez les garçons, les jeunes filles de leur côté l'assument de plus en plus.

À cet âge, les blessures amoureuses se vivent avec une intensité extrême surtout si les jeunes filles qui en sont les victimes ont été surprotégées par leurs parents et si leurs désirs ont rarement été contrariés auparavant. Multiplier les relations est parfois un moyen d'éviter une véritable liaison amoureuse. Ce qui réduit l'investissement affectif. Le fait que ces rencontres ne soient guère qu'un échange des corps atténue ainsi la déception de la rupture. Ce qui ne veut pas dire pour autant qu'à cette période de la vie, la fidélité ne soit pas une valeur sûre.

De même, la multiplication des partenaires peut s'expliquer par la nécessité de retrouver les repères que la puberté a enlevés. La jeune fille a perdu en partie son identité, elle ne se reconnaît plus. Grâce à la rencontre du corps réel de l'autre, grâce au regard sur son propre corps, elle progressera dans la connaissance d'elle-même et découvrira sa nouvelle identité. C'est pourquoi les rencontres qu'elle fera et la manière dont elles se dérouleront joueront un rôle majeur dans l'image qu'elle aura d'elle-même une fois qu'elle sera devenue une femme. Vos premières amours ont en effet laissé des traces profondes dans votre mémoire. Pour certaines, ce sont des souvenirs de bonheur, de troubles, des premières caresses, des premiers baisers, de puissants désirs, qui ne sont pas toujours assouvis. Vos impressions étaient intenses et elles le resteront, ancrées dans vos souvenirs.

Les sentiments d'incompréhension, l'impression d'être seule à cette période tumultueuse de la vie, alternent avec l'euphorie du partage, de l'amitié comme de l'amour. Pendant cette période, pas de vie possible sans vos amis : ils occupent une place vitale dans votre vie, vous donnent de l'énergie, vous servent de miroir, répondent à vos doutes, à vos questions et apaisent vos incertitudes. Vos histoires, vous les partagez avec eux. La parole fait le lien. Ne rien dire, ne pas raconter, c'est en quelque sorte trahir l'amitié. Et c'est réciproque. Votre personnalité se construit comme celle de vos amis : en écho, vos sentiments amoureux se mêlent souvent aux sentiments d'amitié que vous partagez avec eux. Et vos amis resteront les témoins de vos amours adolescentes, de la jeune fille que vous étiez alors.

Certaines des histoires d'amour que vous avez vécues pendant votre adolescence dureront si longtemps qu'elles vont conduire à une union conjugale et à la création d'une famille. Ces couples, qui se sont connus très jeunes, ne tiennent pas toujours et finissent parfois par se séparer, après dix, voire quinze années de vie commune. Le regret de manquer d'expérience sexuelle, de n'avoir connu qu'un seul partenaire, de ne pas avoir vraiment vécu après l'adolescence est le motif le plus souvent invoqué et qui a motivé la rupture.

Les liens tissés alors demeurent néanmoins très forts. L'amitié a souvent fait place à la relation amoureuse, mais elle ne comble pas les deux partenaires. En général, l'un des deux ressent souvent davantage le manque. Mais cela conduit assez souvent à se séparer d'un commun accord, comme si chacun admettait que vous vous êtes lassés. Ces mariages « précoces » vont généralement de pair avec la phase où les partenaires prennent leur autonomie. Deux temps forts de leur vie se sont télescopés : le départ de leur famille d'origine et l'entrée dans la vie conjugale.

Avant mai 1968, il était de tradition, en tout cas pour les femmes, « de partir de la maison la bague au doigt ». Vivre seule, sans être mariée, symbolisait la débauche et nombre de jeunes filles qui ont quitté leur famille avant tout mariage se faisaient traiter de filles de rue. Pour les garçons, vivre en dehors de la famille était plus facilement accepté : l'autonomie financière restait en général la condition *sine qua non* pour partir. Pour une jeune fille de nos jours, se marier reste fréquemment un choix lié au désir de quitter ses parents. Quelques années passent, si elle se sépare, la question du lien avec sa famille d'origine ressurgit. Jennifer se confie.

> « J'ai 35 ans et je vis très mal mon divorce. Je pensais avoir géré cette situation, mais j'en garde un goût amer. Mon mari, Jacques, a rencontré une autre femme. Cela semble, hélas, banal, mais moi qui étais "très au clair" avec notre séparation, je ne comprends pas ma tristesse. Certes, Jacques et moi nous nous étions connus trop jeunes, à 17 ans en classe de terminale. Nous nous sommes naturellement mariés, et ensuite nous avons eu deux enfants. Une famille idéale, pour les autres, une famille ordinaire pour nous. Nous nous sommes séparés "amicalement" en nous souhaitant bonne chance pour une deuxième vie. Jacques s'est installé deux ans après avec une collègue de travail. Je croyais pouvoir rencontrer facilement un autre homme, moi qui avais le sentiment d'avoir renoncé à de multiples opportunités. »
>
> Avec nous, elle a découvert que sa séparation coïncidait avec l'apparition d'un cancer chez son père. Elle

s'est sentie encore plus seule et bien sûr elle a revu plus fréquemment ses parents.

Jacques, avec beaucoup d'égards, lui a fait savoir qu'il attendait un enfant. Jennifer a non seulement eu le sentiment que tous les reproches qu'elle avait adressés à Jacques s'effaçaient, mais de plus elle commençait à se dire que sa vie était encore pire qu'avant et que de toute façon, elle ne valait pas grand-chose. Le télescopage des étapes importantes de sa vie envahissait ses pensées. Ses liens avec ses parents étaient à nouveau modifiés. Comme si elle retournait en arrière.

Quelque temps après, elle a rencontré Julien : il était physiquement très semblable à Jacques, mais plus sociable, plus ouvert, disait-elle, et ayant des centres d'intérêts totalement à l'opposé de ceux de Jacques. À travers ces similitudes, qu'elle renforçait à son insu en insistant sur ces différences, elle avait réussi à faire revivre son adolescence et les émois ressentis physiquement avec Jacques.

Ainsi retourne-t-on parfois quelques années plus tard à ses amours adolescentes étant donné les sentiments intenses qu'on a vécus. Comme si, vers la quarantaine, on renouait avec ses vingt ans.

Colette, divorcée, part un soir fêter les 40 ans de sa meilleure amie. Quelle n'est pas sa surprise de voir au milieu des invités Jérôme, l'ancien petit ami de ses 18 ans, le premier garçon avec lequel elle avait fait l'amour. Très troublés tous les deux, ils passent la soirée ensemble à évoquer le passé. Jérôme est aussi divorcé, mais il a depuis peu une nouvelle amie, absente ce soir-là car en déplacement professionnel.

Cette soirée inaugura une nouvelle étape. Jérôme rompit en quelques jours avec sa nouvelle amie pour s'installer avec Colette. Ils avaient le sentiment de reprendre avec plus de maturité l'histoire interrompue il y a vingt ans.

Colette lui avait demandé pourquoi il n'avait pas cherché à l'épouser à l'époque. Jérôme répondit avec étonnement qu'il était bien trop jeune pour se poser la question d'un engagement. Il s'était marié à 30 ans, alors qu'il l'avait rencontrée à 19 ans.

Il arrive également que l'on retrouve un homme que l'on a déjà aimé par le passé. L'histoire n'a pu avoir lieu, mais les obstacles d'autrefois paraissent levés. Le temps a tout de même laissé sa trace : est-on la même, est-il le même ? Ne renoncez pas à ce qui aurait pu naître entre vous. Si toutefois vous vous inquiétez, vous gardez un goût d'inachevé, la prudence sera de mise. Le retour du désir n'exclut pas d'analyser les circonstances de la séparation antérieure, comme du manque de communication qui l'a précédée. Vous ferez ainsi l'économie d'un nouvel échec. Votre décision doit cette fois reposer sur votre expérience. Puisque chacun des protagonistes du couple que vous formerez a évolué et s'est transformé au fil du temps, votre réunion deviendra parfois possible cette fois, il faut l'espérer.

Une fois devenue femme

Votre vie est particulièrement régie par des rythmes biologiques. L'arrivée des règles est une première étape essentielle. Signe évident de la puberté, qui marque l'entrée dans l'adolescence, l'apparition des règles ouvre la période de fécondité des femmes, les jeunes filles pouvant alors devenir mères. Elle sera votre mouvement du balancier pendant une quarantaine d'années. Tous les mois, les saignements rappellent aux femmes leur identité, et certaines d'entre elles le ressentent plus difficilement et plus douloureusement que d'autres. Les règles surviennent aujourd'hui en décalage par rapport au vécu psychique des adolescentes.

Autrefois, si une jeune adolescente tombait enceinte, c'était vécu comme une catastrophe et cela l'est encore dans certaines contrées lointaines. L'évolution de notre société a heureusement permis la contraception, l'interruption de grossesse, la pilule du lendemain. « Un enfant quand je veux, si je veux », clamaient les femmes au moment du vote de la loi Veil en 1975. Ce changement législatif a représenté un véritable pas en avant. Cette loi a surtout permis aux femmes d'avorter dignement, en sécurité, et non plus avec l'aide de « faiseuses d'anges ». Cependant l'interruption de grossesse, simple sur le plan médical, n'est pas pour autant une décision facile à prendre et reste certainement un traumatisme psychique pour nombre de femmes. Elles renoncent à donner la vie à cause d'un mauvais timing : trop jeune, seule, pas de moyens financiers, l'impossibilité d'élever un enfant. Ces « accidents » de la vie seront encore plus douloureux lorsque, à l'approche de la quarantaine, ces femmes ne sont pas encore mères et souhaitent le devenir.

Aujourd'hui, l'âge moyen des femmes donnant naissance à leur premier enfant se situe à 29 ans. Cet âge tardif est lié au fait que l'on se marie plus tard et que les femmes font des études de longue durée. La plupart travaillent et leur parcours est similaire à celui des hommes.

Or la réussite professionnelle est difficile à concilier avec des maternités successives.

La fécondité de la femme diminue dès l'âge de 35 ans, disent les gynécologues, pour s'éteindre après 42 ans environ. Bien sûr, des prouesses médicales sont possibles, mais des grossesses tardives sont dites « à risque » et peuvent mettre en danger la vie de l'enfant comme celle de la mère. Oui, certaines femmes arrivent à porter à terme des bébés sans problème après 44 ans, mais elles restent des exceptions. Faible consolation, on sait aujourd'hui que la fécondité des hommes diminue aussi avec l'âge. Ne nous leurrons pas, ce n'est pas comparable.

Certaines femmes qui ne sont pas encore entrées dans la phase qui prélude à la ménopause espèrent avoir un enfant car leurs règles sont tout aussi régulières qu'au début. Il faut toutefois le savoir : les ovules ne sont plus de bonne qualité et les grossesses n'arrivent pas souvent à terme. Une gynécologue racontait qu'une de ses amies, âgée de 45 ans, l'avait appelée, folle de joie, en lui disant : « Je pense que je suis enceinte, je n'ai plus mes règles depuis deux mois. » Et celle-ci de soupirer : « Comme d'habitude, je vais être obligée de lui dire qu'elle entre en période de ménopause… »

Parallèlement, aujourd'hui, désirer ne pas avoir d'enfant est une possibilité offerte aux femmes. C'est peut-être votre cas. Autrefois, il fallait presque renoncer à une vie sexuelle pour être sûre de ne pas avoir d'enfants.

Ne pas pouvoir n'a rien à voir avec ne pas vouloir. Il existe ainsi bien des femmes qui ont été blessées dans leur enfance ; elles disent ne pas vouloir reproduire les souffrances qu'elles ont vécues, ou elles craignent de devenir mères. Nombreuses sont celles qui, pour d'obscures raisons, ne souhaitent pas d'enfants, mais deviendront mères en rencontrant un homme qui leur permettra de voir autrement leur vie.

> Ainsi, Sofia avait envie de réussir. Issue d'un milieu maghrébin modeste, elle désirait avoir une autre vie. Elle est devenue journaliste, est entrée dans une chaîne de télévision et, peu de temps après, elle est devenue directrice générale d'une société de production. Elle avait eu quelques histoires, sans jamais partager sa vie avec un homme. Elle a rencontré Michel, directeur artistique, qui l'a progressivement apprivoisée. Après quelques mois de fréquentation, il lui a présenté son fils de 5 ans, Léo. Celui-ci a charmé Sofia. Et Michel a proposé à Sofia de prendre un appartement avec lui. Paniquée par la rapidité de cette demande, elle l'a présenté à tous ses amis pour savoir comment ils le trouvaient. Michel a réussi ses examens de passage, il s'est installé avec Sofia et il lui a dit qu'il voulait avoir un enfant avec elle. Elle est tombée des nues. Elle avait 41 ans et croyait que le temps des enfants était fini. Mais Léo l'attendrissait. Elle a commencé à voir son avenir autrement.

Le fait de ne pas souhaiter devenir mère n'empêche pas de rencontrer un homme avec lequel vous unirez vos passions. Le fait d'être sans enfant et libre, sans même l'envie d'en avoir vous offre plus de liberté, ce qu'apprécient bien des hommes. Ils ne vous fuiront plus à l'idée que vous puissiez exiger d'eux un enfant.

> Daniel, lorsqu'il a rencontré Marie, a été enchanté de savoir qu'elle ne voulait pas d'enfants. Il en avait déjà deux de deux précédents mariages. Ils étaient déjà élevés

et maintenant il aspirait à voyager, d'autant que son métier l'y contraignait. Marie partageait les mêmes centres d'intérêt, était passionnée de sports et de voyages.

Gabrielle, de son côté, n'avait pas spécialement envie d'être mère, mais elle a rencontré Jean-Paul, père de trois enfants. Elle a fait une excellente belle-mère et a contribué à améliorer les relations de Jean-Paul avec son ex-femme et avec ses enfants.

De multiples témoignages mettent en lumière comment bien des couples s'unissent sans recourir à la création d'une famille, sans pour autant éprouver le moindre manque sentimental. À l'inverse, certaines d'entre vous n'ont pas vu le temps passer ; célibataire, vous étiez prisonnière d'une existence où votre réussite professionnelle était plus importante que tout le reste ; votre vie affective se réduisait à vos liens amicaux, la présence de vos bonnes copines, mais vous continuiez à rêver au prince charmant, les yeux fermés, les yeux ouverts. Soudainement, vous vous réveillez, vous êtes à l'aube de vos 40 ans, vous commencez à vous interroger sur le sens de votre vie, et vous avez le sentiment que vous désirez l'enfant dont vous aviez toujours voulu taire en vous l'existence. Le temps est compté pour les femmes si elles veulent avoir un enfant, ce qui complique leur existence dans un monde où chacun cherche à tout contrôler. Et la course contre la montre débute….

Clémentine avait été élevée dans une famille unie et chaleureuse, mais le décès précoce de son père, foudroyé en quelques mois par un cancer a amené la tristesse et l'angoisse. Clémentine était la préférée de ce père adoré, car elle lui ressemblait, alors que ses deux frères étaient différents. Et puis, c'était la seule fille. Clémentine avait 24 ans à la mort de son père. Elle était alors amoureuse de l'un de ses professeurs d'université. L'ascendant de ce professeur, François, par son statut, son âge (40 ans) et par la disponibilité dont il a fait preuve durant toute cette période a renforcé la passion de Clémentine. Mais François était compliqué : il vivait avec une autre femme, tout en se sentant libre, ce que croyait Clémentine. Leur relation a duré quelques années, mais François hésitait entre les deux femmes. En fait, Clémentine espérait qu'il arriverait à prendre une décision. Il a eu un enfant avec l'autre et elle a compris qu'il avait fait son choix. Elle n'est arrivée à rompre que progressivement. Leur histoire avait duré douze ans. Clémentine avait alors 36 ans. Elle a rencontré plusieurs hommes, mais sans coup de cœur. Elle gardait la trace de l'empreinte de François. Sentant le temps passer, elle se dit qu'elle voulait absolument avoir un enfant et a commencé à en faire une priorité. Comme elle était jolie et sympathique, ses amis lui ont présenté de nombreux amis. Mais la plupart d'entre eux se sentaient évalués comme de futurs géniteurs et ont pris la fuite.

Clémentine a revu François et lui a demandé de lui faire un enfant, ce que bien entendu il a refusé.

Elle eut alors une liaison de passage, avec un homme d'un autre pays et tomba enceinte. Elle l'en informa, tout en lui disant qu'elle garderait cet enfant sans rien lui demander. Son fils a aujourd'hui 2 ans, elle se porte bien. Clémentine est épanouie et ne court plus après le temps. Certes, elle veut rencontrer un homme, mais elle n'a plus les mêmes attentes qu'avant la naissance de son bébé.

Elle a 42 ans et sait qu'elle n'aura pas d'autre enfant. Elle tente de réfléchir à sa vie et à celle de son fils qui partage beaucoup de temps avec ses oncles et tantes, cousins et cousines.

Certaines savent qu'elles ne pourront avoir d'enfant facilement, parce qu'elles ont dû subir une ablation des trompes et que seule la programmation médicalement assistée peut les aider. D'autres difficultés risquent de faire échouer une grossesse tellement désirée. Le désir de trouver un homme devient alors plus complexe : vous recherchez un homme qui souhaite avoir des enfants, tandis que vous n'êtes pas certaine de pouvoir être enceinte d'un point de vue médical. Cette rencontre éventuelle repose sur cette demande de votre part : « Fais-moi un enfant, même si j'ai peu de chance d'en avoir. » Mais cela laisse entière la question de savoir si vous pourrez vivre ensemble. La question vaut pour tous les couples, bien sûr, mais particulièrement ici.

Autour de la quarantaine, le temps qui vous sépare d'une grossesse envisagée se réduit d'autant s'il s'y ajoute une stérilité. Et le temps devient un véritable problème dans les cas de stérilité où, comme le dit élégamment le corps médical, d'« hypofertilité ».

Marc et Hélène se sont rencontrés autour de la quarantaine. Compte tenu de l'âge d'Hélène et de ses antécédents gynécologiques, ils essaient après quelques mois de liaison de mettre en route un enfant. Ce sera une succession de fausses couches, avec des risques de plus en plus élevés pour Hélène : hémorragies, hypertension artérielle, qui entraînèrent chez elle une dépression. Mais Hélène s'acharnait, pour elle et pour Marc. Celui-ci la supplia d'arrêter : « Je t'ai choisie pour ce que tu es, non pas pour ce que tu as envie d'être. C'est avant tout toi que j'aime. Renoncer à un enfant est douloureux, mais nous y ferons face ensemble. J'ai 43 ans et je n'ai pas eu d'enfant avant de te connaître, c'est donc que je n'en faisais pas une priorité. Ma vie avec toi me suffit. Nous ferons d'autres projets. »

Les femmes ont la crainte de laisser filer le temps. Chaque nouvelle rencontre représente inconsciemment un télescopage du temps, et elles voient l'homme qui entre dans leur vie sous le prisme d'un père potentiel. Les hommes ayant tout leur temps (ou presque) pour penser paternité sont effrayés par la rapidité avec laquelle celles qu'ils ont rencontrées exigent qu'ils s'engagent. Pour elles, la question du mariage n'est pas primordiale comme cela se passait aux siècles précédents : ces femmes ne recherchent ni le mariage, ni la sécurité. Elles veulent uniquement devenir mères. C'est bien d'un engagement d'une autre nature qu'il s'agit, celui d'une demande de paternité. On comprend facilement pourquoi nombre d'hommes prennent alors la fuite. Ils sentent implicitement cette demande ou l'anticipent si la femme ne l'exprime pas, ce qui est d'autant plus complexe à gérer pour eux s'ils ont déjà des enfants et n'en souhaitent pas d'autres.

Richard avait 52 ans lorsqu'il a rencontré Carole, âgée de 36 ans. Richard avait deux enfants de 18 et 20 ans d'un premier mariage. Il ne se voyait pas avoir un nouvel enfant, parce qu'il en avait déjà deux et parce qu'il se sentait trop vieux pour s'occuper d'un nourrisson. Après deux ans de vie commune, Carole et Richard ont fait le point. Carole n'avait pas spécialement envie d'être mère, elle était trop engagée dans sa carrière professionnelle. Néanmoins, Richard ne voulait pas qu'elle lui reproche un jour le fait de ne pas avoir eu d'enfant et le trouve vieux (il vivait assez mal leur différence d'âge). Après quelques discussions conflictuelles et douloureuses, il a décidé de rompre. Il a tenté de l'oublier, a multiplié les rencontres et vécu quelques moments de bonheur sans pour autant s'engager plus.

Quelques années sont passées, sans aucune nouvelle de Carole, jusqu'au jour où il a rencontré son frère dans la rue et lui a demandé des nouvelles. Il a appris qu'elle était seule. Elle avait alors 45 ans. Le soir même, il l'a appelée pour la revoir. Depuis, ils se sont mariés, mais n'ont pas eu d'enfants.

La course à la maternité se superpose ainsi avec le désir de rencontrer l'âme sœur et il est rarement possible aux femmes de faire coïncider les deux. Mais si ce n'est pas impossible, votre désir peut croiser un autre désir, celui d'un homme qui n'a jamais été père. Vous serez là pour qu'il puisse, dans vos bras, réaliser le plus beau de ses rêves.

Une fois les enfants venus...
et votre couple défait

Après avoir divorcé, vous êtes nombreuses à vous retrouver seules avec vos enfants. Reconstruire une nouvelle histoire, une nouvelle famille prend toujours du temps. Votre relation avec vos enfants devra s'équilibrer, avant que vous puissiez les confronter à un futur beau-père. Beaucoup d'entre vous espèrent avoir un enfant avec un nouvel homme, enfant qui scellera leur union, mais d'autres, au contraire, se sentent comblées par leur progéniture. Nul besoin de procréer à nouveau, si vous avez le sentiment d'avoir dépassé une étape.

Certaines d'entre vous sont encore en âge de penser à avoir un bébé alors qu'elles souhaitent plutôt rencontrer un homme avec lequel partager leur vie. Encore une fois, le timing jouera son rôle dans le scénario de la rencontre. Si vous ne voulez plus d'enfant, un célibataire qui en souhaite un absolument ne conviendra pas à vos aspirations. Parfois, vous croiserez des célibataires, comme bien des femmes, en mal d'enfant, vous les laisserez sonner à une autre porte, à moins que votre famille ne vienne occuper dans leur cœur la place des enfants qu'ils n'ont pas eus.

> Lucien, fou amoureux d'une jeune Espagnole, mère de trois enfants, disait : « Nous avons déjà beaucoup à faire avec eux. Je les adore et ils me le rendent bien. Nous menons une vie familiale très riche. Je ne pense pas que j'aurais plus aimé des enfants que j'aurais faits. Quand j'ai rencontré Dolorès, avec ses trois enfants, j'ai eu l'impression d'un cadeau. »

Après 45 ans, tout est possible. Une infinité de rencontres différentes vous seront offertes. Vous qui faites partie de ces femmes qui ont été mères, vous êtes déjà dit, épanouies. Vous vous sentez à la fois en étroite interaction avec vos enfants, mais aussi plus libres dans vos choix amoureux. Votre épanouissement ne manquera pas d'attirer des hommes qui craignaient fort de rencontrer des femmes en « urgence de bébé ». Si la majeure partie d'entre vous ont la garde de leurs enfants, dès qu'ils deviennent plus autonomes, vous vous sentirez plus disponibles pour sortir, pour reconstruire une vie sociale que vous aviez auparavant mise entre parenthèses.

> Jeanne-Marie a épousé son voisin Luc, divorcé lui aussi. Elle avait deux enfants, lui trois. Ils ne se voyaient pas en faire un ensemble. Pour Luc, c'était important de rencontrer une femme qui avait déjà des enfants, car il n'avait pas envie de recommencer les biberons et les couches. « Trois, c'est déjà une grande responsabilité si on veut s'en occuper puisque j'ai la garde partagée avec mon ex-femme. »

Durant cette deuxième période de votre vie, si la séparation a eu le temps de se faire, si les relations avec votre ex-compagnon sont redevenues cordiales, vous devez ressentir une certaine plénitude. Cette dernière est liée à la maternité, ainsi qu'à la présence d'un nouvel équilibre avec le père de vos enfants. Cet épanouissement se lit alors sur votre visage. Les femmes qui concilient travail et enfants attirent très souvent les hommes ; si vous faites partie de ces femmes, vous êtes autonome, organisée et comblée affectivement par vos enfants. Vous n'attendez pas un père, ou un protecteur, mais un compagnon. Les hommes le ressentent. Deux conditions, bien entendu : vous devez avoir fait la paix avec le père de vos enfants, et surtout vous devez laisser dans votre vie une véritable place et non un strapontin à ce futur compagnon.

CHAPITRE 5

Comment l'amour vient en vous

> *La rapidité avec laquelle on tombe amoureux est peut-être due à ce que le désir d'aimer a précédé l'être aimé : le besoin a créé sa propre solution. L'apparition de l'élu n'est que le second stade d'un besoin antérieur (mais largement inconscient) d'aimer quelqu'un – notre appétit d'amour façonnant les traits de l'autre, notre désir se cristallisant autour de lui.*
>
> Alain DE BOTTON, *Petite philosophie de l'amour*

Comment l'amour peut-il venir en vous ? Comprendre de quelle manière l'amour apparaît vous aidera à le retrouver. Voici ce qu'il faut savoir, voici les facteurs qui expliquent son apparition, les détours qu'il prend pour apparaître. À vous aussi de vous interroger sur la façon dont, déjà, dans votre vie vous êtes tombé amoureux… pour en finir avec ce qui « ne tourne pas rond », pour sortir des schémas que, peut-être, vous répétez obstinément, faute d'un peu d'introspection critique, faute d'anamorphose.

La naissance du sentiment amoureux

Aimer est un mot magique, mais c'est aussi parfois un piège. On aime différemment selon l'âge, le contexte. Il n'existe qu'un seul terme en français, alors qu'en anglais, on différencie le verbe aimer, *to love*, de celui d'aimer bien, *to like*. L'amour, explique le psychosociologue Francesco Alberoni[1], peut venir d'une affinité élective, d'une passion, d'un intérêt que l'on partage sans que l'amour réciproque soit forcément là dès le début, comme dans *La Leçon de piano* de Jane Campion, tiré du roman de Jane Mander[2]. Dans ce film, l'amour naît à travers la musique. Mais partager une affinité élective ne suffit pas pour que l'amour naisse. Les subtils ingrédients de l'attirance physique, de l'écoute, de la disponibilité, de la reconnaissance se mêlent afin de créer l'éclosion du sentiment amoureux qui ressemblera à la plus belle des roses, souvent rouges, que l'on vous offrira alors, et plus votre sentiment sera grand, plus vous garderez la couleur de ces roses en mémoire et en ferez la couleur de vos roses préférées.

L'essentiel de la séduction s'opère au moment où vous découvrez l'autre. Patrick Lemoine, qui a consacré tout un ouvrage à la séduction[3], rappelle que « l'homme aime ce qu'il désire, la femme désire ce qu'elle aime ». La séduction est essentielle au moment où vous découvrez l'autre. Tous vos sens sont en éveil : la vision, l'audition,

1. Francesco Alberoni, *Je t'aime*, Paris, Plon, 1997.
2. Jane Mander, *Histoire d'un fleuve en Nouvelle-Zélande*, Arles, Actes Sud, 2002.
3. Patrick Lemoine, *Séduire*, Paris, Robert Laffont, 2004.

le goût, les odeurs, effluves et parfums. Et, lorsque les premières barrières sociales tombent, le toucher. Les hommes et les femmes diffèrent considérablement dans leurs sensations et de subtils détails contribuent à renforcer par la volonté ces efforts de séduction.

Poser son regard, sentir le regard de celui ou celle que vous désirez : c'est déjà toute l'histoire qui commence. Vos regards se sont croisés, et le champ du partage, la communion des yeux annonce celle des cœurs, avant même celle des corps. La pupille dilatée des femmes a un effet connu de longue date chez les hommes. Ainsi les femmes, dès la Renaissance, se mettaient dans les yeux quelques gouttes d'un collyre à la belladone pour dilater artificiellement leurs pupilles. En revanche, la pupille dilatée de l'homme n'exerce aucun attrait sur les femmes (P. Lemoine).

Ajoutons le cocktail épicé et doux à la fois qui créera l'ambiance, qui donnera le premier signe d'une histoire à venir. L'attente est l'un des facteurs qui augmentent le désir. Toutefois, elle paraît parfois douloureuse si elle est trop longue. Attendre multiplierait les émotions par un subtil circuit biologique. « Différer le plaisir s'avère biologiquement excellent, rappelle Michel Reynaud[1], puisque l'anticipation du plaisir augmente le débit de dopamine dans le nucleus accumbens, ce noyau archaïque dans les noyaux gris centraux qui sert d'interrupteur du plaisir chez tous les animaux, et dans tout le circuit méso-cortico-limbique. »

Une fois la rencontre effectuée, le désir devient maître de vos sensations. Il se met en route grâce à la hausse

1. Michel Reynaud, *L'amour est une drogue douce en général*, Paris, Robert Laffont, 2005.

de débit de la dopamine, expliquent les biologistes. Les premières sensations diffèrent toutefois chez l'homme et chez la femme : « Le désir et le plaisir féminins sont conditionnés par l'assurance de la sécurité, symbolisée traditionnellement par un certain confort. […] Une fois en confiance, on trouve chez les deux sexes des adeptes des plaisirs dans des lieux incongrus ou des situations comportant un petit risque ou un suspense mineur. […] En effet, une peur modérée et artificielle stimule l'axe corticotrope qui déverse ses corticoïdes, qui eux-mêmes déclenchent une sécrétion de noradrénaline, un accélérateur du débit de dopamine[1]. » En fait, il suffit d'un peu d'excitation sans trop de peur. Mais pas trop de crainte non plus ! Elle risquerait alors de vous inhiber. Vos hormones sont bien là pour fonctionner comme du carburant, mais votre esprit vous guide encore ! On comprend mieux certaines tergiversations…

La montée du plaisir, puis la jouissance de l'acte sexuel renforcent le sentiment de béatitude. Vous confondez quelquefois un « Je t'aime » et un « Je suis bien avec toi »… qui signifie en fait « Je jouis ». Des mots qu'on prononce sur le moment font parfois office de déclarations trop hâtives, qu'enregistre cependant la mémoire du partenaire. Le sentiment de plénitude peut ainsi faire tourner la tête. On saisit mieux les décalages qui peuvent exister entre une communion physique et l'analyse des sentiments exprimés après.

Josiane raconte comment elle a vécu un état de choc quand son compagnon l'a quittée un dimanche. Ils venaient de faire l'amour « passionnément » d'après elle ;

1. *Ibid.*

il l'a regardée avec détachement le soir en lui disant qu'il n'était pas heureux avec elle et qu'il préférait déménager.

Afin qu'il puisse perdurer, le sentiment amoureux que vous éprouvez ou éprouverez doit s'appuyer sur de nombreux éléments qui contribueront à construire votre histoire d'amour, votre relation amoureuse. Francesco Alberoni décrit vingt états caractéristiques à cet état d'« énamourement[1] » :

1. l'expérience de libération : « nous avons brisé les chaînes » ;
2. la révélation : « nous savons maintenant ce que signifie vivre » ;
3. l'unique : « l'être aimé n'est comparable à aucun autre » ;
4. la réalité-contingence : « tout aspire au bonheur » ;
5. l'expérience de l'être : « nous sentons tout ce qui existe » ;
6. la liberté-destin ;
7. l'amour cosmique ;
8. la renaissance ;
9. l'authenticité et la pureté ;
10. l'essentiel ;
11. le communisme amoureux ;
12. l'historicisation ;
13. l'amour comme grâce ;
14. l'égalité ;
15. le temps ;
16. la transfiguration ;
17. le perfectionnement ;

1. Francesco Alberoni, *op. cit.*, p. 85-95.

18. la fusion ;
19. le projet ;
20. le dilemme éthique.

Pour tomber vraiment amoureux, un certain nombre d'éléments doivent survenir pour laisser les sentiments s'ouvrir. Retenons de ce complexe décryptage les sentiments de transcendance, de plénitude : l'autre est unique, votre histoire est unique, vous avez envie de partager votre bonheur.

Mais quels sont les facteurs profonds qui pèsent sur vos réactions, qui expliquent vos attirances, la puissance et la nature de vos émotions amoureuses ?

Comment les tout premiers âges pèsent sur notre vie amoureuse

La femme a en commun avec l'homme d'être un être de désir. Désir d'être, d'avoir, de rencontrer, d'échanger, de savoir, d'exercer un pouvoir. Dès notre naissance, nous sommes soumis à des pulsions diverses qui naissent dans des régions corporelles chargées d'excitations nerveuses et qui tendent à être soulagées. La capacité d'aimer naît de ces pulsions si bien étudiées par Freud. Au fur et à mesure du développement, selon que telle ou telle pulsion domine le tableau, on peut décrire différents stades.

Lors de la première année de vie, c'est la pulsion orale qui est prégnante. On parle de stade oral. La bouche, la cavité buccale et le tube digestif, mais aussi les organes respiratoires et les organes sensoriels (l'odorat, le toucher, le goût, l'audition, l'ouïe) sont dans leur ensemble la région corporelle qui est la source physique de cette pulsion. La prise d'aliments ou l'ingestion de la salive, la succion ou la morsure permettent la satisfaction de cette pulsion. Mais pas seulement.

À cela s'ajoute le plaisir procuré par le passage de l'air dans les narines et les bronches, les sons entendus, les caresses perçues par le toucher, les odeurs recueillies. Aux pulsions sont associées des représentations mentales. Ainsi, le bébé va rapidement mentaliser le sein de sa mère ou son représentant qu'est le biberon, ou encore la voix et l'odeur de sa mère pour satisfaire en pensée sa pulsion orale. Les pulsions orales sont l'énergie qui permet les prises d'informations. Le bébé va absorber des aliments comme il absorbera des concepts ou que plus tard il dévorera des livres. Il en est de même des émotions, des sentiments, des désirs conscients ou non que vont lui transmettre les personnes qui s'occuperont de lui. Ce qui est perçu est véritablement « incorporé ».

L'apparition des dents favorise le réveil des pulsions orales destructrices. Le nouveau-né qui voit les aliments disparaître en lui imagine les détruire. Il a parfois du plaisir à mordre le sein de sa mère et un peu plus tard à mordre toutes les personnes qu'il aime plus ou moins. Car les pulsions orales ne disparaissent pas quand on grandit. En mangeant, les enfants se caressent souvent différentes parties du corps, ce qui montre que les pulsions orales sont en lien avec d'autres types de pulsions et qu'il n'y a pas étanchéité entre les différentes modalités pulsionnelles. C'est oralement que le tout petit fait ses premiers pas amoureux, et c'est d'habitude la mère (et la nourrice) qui en est la principale destinataire. Devenu grand, il retrouvera son oralité dans le plaisir à donner et à recevoir des baisers, des suçons, des mordillements ; à dire et à entendre des mots doux ou plus salés, à boire les paroles de l'être aimé, à le sentir, à le dévorer des yeux, avant de croquer le fruit défendu et se nourrir de lui affectivement, physiquement et intellectuellement. Chez certaines personnes, ces pulsions orales dominent leur façon d'aimer. Elles ont soif de rencontres, soif d'identification à l'autre. Ce sont aussi des personnes particulièrement dépendantes d'autrui et qui supportent mal d'être seules, préférant être « mal accompagnées ».

Chaque fois qu'il y a pulsion, il peut y avoir angoisse. L'angoisse apparaît à tout âge quand la pulsion n'est pas suffisamment satisfaite. C'est le cas du bébé qu'on négligerait. Mais aussi quand la pulsion est trop chargée de désir et que ce désir est vécu dans la culpabilité. Ainsi, les fillettes de 4 à 10 ans délurées à la maison peuvent se montrer très timides à l'extérieur et se murer dans le silence quand elles croisent des personnes susceptibles de les intéresser, des messieurs en particulier. Ce trait persiste chez certaines femmes qui pour des raisons diverses, liées à l'éducation par exemple, continuent d'être gênées par leur désir et craignent d'être débordées par lui. Cette période sensible de la première année influence la façon d'aimer future. Ainsi une mère particulièrement angoissée par son bébé (si par exemple il a des problèmes de santé) ou un bébé trop souvent laissé seul (par une nourrice négligente) peut présenter une sensibilité marquée à la séparation.

La deuxième phase constitue ce qu'on appelle le stade anal : la zone physique source de l'excitation dominante correspond alors aux intestins et au côlon. Il est prégnant entre 1 et 2 ans. Ce sont les pulsions d'emprise et de maîtrise. L'enfant passe du concret de son corps à l'abstrait des pensées et mentalise donc les relations avec les personnes à partir des rapports qu'il entretient avec son organisme et du fonctionnement de celui-ci. Ces pulsions « anales » sont des pulsions de conservation. Elles poussent à conserver les « objets », que ce soient des aliments qui vont être retenus pour être digérés ou des pensées et des sentiments. Elles les font également sortir. Les aliments sont expulsés après avoir été transformés comme sont digérés les pensées et les sentiments reçus par l'enfant avant d'être exprimés à l'identique ou remodelés par lui. À cette période, l'enfant apprend à définir ses frontières corporelles et le soi comme le non-soi. Le sens de la propriété naît alors. Le plaisir que nous avons à posséder, à conserver mais aussi à donner trouve racine dans le plaisir physique lié à la rétention et au passage des selles.

Comme il fait l'apprentissage du contrôle de ses excrétions, l'enfant va en parallèle s'exercer à maîtriser les autres et en particulier ses parents. Ainsi naît une période d'opposition (période du non) et le pouvoir de manipulation sur les êtres (si présent dans la relation amoureuse). L'enfant découvre son pouvoir sur les autres et va se croire tout-puissant. C'est une période pénible pour les parents, qui doivent limiter la mégalomanie de leur enfant sans le dévaloriser. C'est aussi une phase chargée d'agressivité chez l'enfant et la nature de ses relations futures avec autrui sur le plan amical mais aussi bien sûr amoureux en dépend. Les sources physiques de l'agressivité mentalisée se retrouvent dans le plaisir à l'évacuation d'« objets » détruits (aliments digérés), mais aussi dans la conservation à l'intérieur de soi pour contrôler ou maîtriser. On retrouve ces deux formes d'agressivité chez l'adulte : la forme directe (paroles blessantes) et la forme silencieuse d'agressivité passive.

Les parents confrontés aux accidents dans la culotte ou à une retenue des selles (avec perte par débordements) perçoivent bien la dimension de plaisir agressif que cela peut revêtir. De même, ils perçoivent la dimension altruiste et de soumission passive dans l'obéissance à l'éducation à la propreté et du don de selles dans le pot offert à Maman. Dans la parole, ces pulsions s'expriment par les « pipi caca » et autres « caca boudin » propres à cet âge, dans les « gros mots » proférés avec joie et dont la présence témoigne de l'intégration des interdits. Ce plaisir se retrouve plus tard dans le plaisir non reconnu mais pourtant réel qu'il peut y avoir dans la violence des querelles amoureuses comme dans les mots crus qui accompagnent certaines relations sexuelles.

L'apprentissage sous-tendu par ces pulsions des relations de maîtrise et d'emprise nourrit largement les relations amoureuses futures. C'est dans la dimension de « possession » amoureuse qu'elles sont les plus manifestes : prendre, s'éprendre, posséder, conquérir, s'attacher, créer des liens sont des mots de maîtrise amoureuse. Faire l'amour, se donner, pour te faire mienne ou être à toi, renvoient sans équivoque à la notion d'appartenance et de conservation. À l'inverse, on rejette ou on exècre celui qu'on a aimé ; on l'évacue hors de son cœur. La notion de fidélité trouve ici sa source. Les règles et la loi amoureuses voient ici leur esprit commencer à s'élaborer. Il en va de même de la jalousie : elle est liée au caractère insupportable de voir autrui jouir de ce que l'on possède, à la différence de l'envie, qui est le fait de ne pas supporter que l'autre jouisse de ce que l'on n'a pas. Alors que certains jouissent davantage de la conservation, d'avoir son compagnon ou sa compagne pour soi seul, d'autres jouissent de la conquête qu'ils répètent à l'envi.

On pourrait résumer tout cela en disant : aimer « oralement », c'est vouloir être l'autre ; aimer « analement », c'est vouloir posséder l'autre.

Les pulsions sexuelles vont apparaître quand les organes génitaux vont devenir vers 3 ans le lieu prévalent des pulsions, avec l'âge des premières masturbations, de la curiosité sexuelle, du plaisir exhibitionniste. L'enfant élabore ses théories sexuelles personnelles à partir de son vécu psychoaffectif propre et des informations parcellaires recueillies. Ainsi, il imagine la fécondation par ingestion, exhibition mutuelle ou miction ; la naissance parfois par les fesses ou l'ombilic. Ces croyances influenceront son érotisme futur. À chaque nouvelle pulsion, de nouveaux interdits indispensables se mettent en place (par exemple celui de mordre, de déféquer n'importe où, de commettre l'inceste). Car c'est à cette période que commence l'apprentissage des règles qui régissent la sexualité humaine. Des défauts dans cet apprentissage, un non-respect de la génitalité naissante, voire des agressions de la part d'adultes auront bien sûr des conséquences néfastes notamment sur le rapport futur à la sexualité. La culpabilité se met alors en place et sera liée à l'ensemble de ces pulsions qui régissent la façon d'aimer et la sexualité futures.

L'ensemble de ces pulsions (orales, anales, sadiques, phalliques, voyeuristes, exhibitionnistes) sont qualifiées de sexuelles. Il ne faut cependant pas les considérer comme la sexualité adulte. Ce sont des pulsions prégénitales qui nourriront la sexualité future, les différentes relations à l'autre, notamment amoureuses, mais sans pour autant les résumer.

L'amour, instinct de vie

L'amour reste un invariant universel : on aime partout, dans le monde entier. On retrouve la passion amoureuse dans toutes les cultures. Le lien d'amour organise la relation entre deux êtres chers. Et tout le monde aspire au grand amour. Vous en premier lieu. Se laisser porter par le sentiment amoureux est la plus magnifique des sensations que le corps vous procure. Partager sa vie avec l'autre est un rêve que l'on essaie à chaque instant de réaliser. Et l'union conjugale va ensuite de soi.

Vous le croyez toujours, même si l'histoire du couple et des familles a bien changé. Aujourd'hui, avoir des enfants ne suffit pas à assurer une relation durable. Même si la fougue des premiers moments s'en est allée, l'amour reste indispensable à la vie de votre couple et une vie sexuelle réussie fait partie des exigences des partenaires.

Mais avant d'en venir là, comment l'amour peut-il naître ? Comment les histoires d'amour peuvent-elles commencer à exister ?

Une multitude de livres, de *Tristan et Iseult* à *Belle du seigneur,* et de films, d'*Autant en emporte le vent* à *In the Mood for Love*, le racontent et vous font rêver. D'ailleurs, chacun d'entre nous a son petit florilège personnel. Ces passions déchirantes rencontrent avant tout beaucoup d'obstacles et ce sont précisément eux qui retiennent l'attention. Tous les drames de ce type constituent la matière première de scénarios de ce genre. Et souvent, un *happy end* vient conclure ces films romantiques. Aucun film, aucun livre n'aurait un grand succès s'il ne mettait en scène qu'un bonheur tranquille et stable, construit autour de dialogues ordinaires, aux contenus un peu ennuyeux. Le fondement de votre imaginaire et de votre culture est fait de passions torrides, de couples qui se déchirent, se séparent, se retrouvent. D'amours cachées, interdites, scandaleuses, bien davantage que d'histoires tirées de la vie quotidienne d'un couple ordinaire. Les journaux vous relatent les passions tumultueuses et secrètes des grands de ce monde, des *people*. Nous adorons lire ce genre d'articles, qu'on le dise haut et fort ou non, des amours du rocher de Monaco à celles de la couronne d'Angleterre, en passant par les démêlés conjugaux d'acteurs connus ou de présentateurs télé. Toutes ces histoires d'amour nous confortent dans le fait que la réalité dépasse souvent la fiction.

Parfois certains croient vivre un conte de fées... qui ne dure généralement guère et laisse des souvenirs amers. Face à l'angoisse de retomber dans le piège d'une histoire pareille, qui vous a fait perdre tous vos repères, vous fuyez, vos yeux se ferment de peur de revivre les affres d'une passion ravageuse. Retrouvez votre calme, tentez d'être serein. Mettez au net ce que vous avez vécu, tirez au clair la façon dont l'histoire s'est déroulée. Non pas pour ruminer, pour trouver le coupable (de toute façon, si vous êtes en colère ou plongé dans la tristesse, ce sera nécessairement l'autre et vous, vous ne serez qu'une pauvre victime). Non, pour faire la part des choses, pour sortir de la colère et de la tristesse, justement, de la diabolisation de l'autre et de l'autodénigrement.

Ainsi créerez-vous les conditions indispensables pour que quelque chose enfin se produise à nouveau, un frisson en vous, un pétillement que vous avez déjà connu et qui vous semblait désormais impossible à retrouver après ce que vous avez vécu.

L'amour qui naît de l'amitié

L'ensemble des mécanismes que vous avez tous ressentis lors de vos états amoureux réactive vos premiers liens d'attachement à votre mère, à votre père, et à ceux qui se sont occupés de vous pendant votre première enfance. Stephan Klein rappelle que « contrairement à la plupart des animaux, les hommes et les femmes sont faits pour des liaisons durables, comme semblent l'indiquer certains indices. La plupart d'ailleurs choisissent naturellement la monogamie. Ce penchant est initié dans le cerveau par des règles circulaires complexes dans lesquelles l'hormone de l'ocytocine joue un rôle important. Cela expliquerait en partie pourquoi les relations amoureuses durables apportent davantage de chaleur et de sécurité que les relations d'amitié[1] ».

Il n'y a pas que le coup de foudre qui permet une liaison amoureuse entre deux êtres. Bien souvent, vous vous attendez à être frappé par la flèche de Cupidon, alors qu'il existe bien d'autres voies qui font naître l'amour. Lorsque deux personnes apprennent à se découvrir peu à peu, qu'elles s'apprécient, leur relation peut changer de mode, devenir une manière de s'aimer. Les comportements qui les rapprochent leur permettent alors d'exprimer plus facilement leurs affinités et leur enseignent comment se découvrir. Dans cette histoire d'amour qu'elles ignorent encore elles trouveront et sentiront une complicité qui n'appartient qu'à elles et qui s'exprimera d'abord sur le mode de la confiance et de l'estime. Peut-être faites-vous partie de ces gens, peut-être vivez-vous ou vivrez-vous une histoire similaire qui vous est encore inconnue et qui se cache sous l'amitié vous liant à un homme ou à une femme dont vous ne pensez pas que vous pourriez un jour le regarder sous un autre jour et l'aimer éventuellement. Rien à voir avec la passion torride et soudaine… et pourtant !

Le temps transforme les sentiments de confiance et de disponibilité entre deux êtres et les rend plus intenses, comme s'ils se voyaient sans se voir vraiment et créaient tout à coup entre eux un nouvel espace. Celui de l'intimité

---

1. Stephan Klein, *Apprendre à être heureux*, Paris, Robert Laffont, 2005, p. 213.

et de l'attirance physique. On se connaît, on s'apprécie, on est même complice sans pour autant penser que d'autres liens seraient possibles. Et un jour…

D'autres éléments peuvent cependant mettre un frein à une histoire de ce genre, la certitude de savoir que l'autre n'est pas libre, par exemple. La relation se développe alors sur un autre mode. Mais celui-ci bascule éventuellement si les règles du jeu changent.

> Ainsi, Aude aimait bien la compagnie de Gilles, le meilleur ami de son mari, divorcé de longue date. Un soir, il arriva pour dîner un peu en avance et lui proposa de l'aider à préparer le repas. Il l'embrassa fougueusement dans la cuisine. À partir de ce moment, ils se regardèrent différemment et commencèrent à se fréquenter autrement.

Le scénario du joli film américain *Quand Harry rencontre Sally* repose sur cet anti-coup de foudre. Harry et Sally cherchent tous deux à tomber amoureux sans succès ; ils sont complices, ils sont les meilleurs amis du monde, ils se connaissent presque trop. Non, entre eux, ce n'est pas possible… Et, un jour, au bout d'une suite d'échecs, ils comprennent qu'ils sont véritablement faits l'un pour l'autre et que, jusqu'alors, ils ont seulement fui cette évidence.

Une telle histoire arrive plus fréquemment qu'on ne pense, tant il est vrai que, par romantisme exagéré, on cherche très loin ce qui est à sa portée. Parmi vos amis proches, l'un est peut-être amoureux de vous, mais il pense qu'il n'a aucune chance, car il n'a jamais perçu le moindre signe d'encouragement de votre part. Et vous, de votre côté, vous l'avez toujours considéré comme un ami, sans vraiment le regarder de plus près. Ou c'est le contraire. Vous vous dites que s'il ne s'est rien passé, c'est que vous ne lui plaisiez pas physiquement ; sinon, sûrement, il aurait fait le premier pas. Mais non, peut-être pas… Envoyez des signes, ouvrez des portes, essayez. Qu'avez-vous à perdre ? Une « grande amitié » que vous ne voudriez pas « gâcher » ? Si elle est si forte, cette amitié, elle s'en remettra, et vous rirez désormais de cette tentative. Elle confortera même votre complicité. Vous aurez essayé. Mais peut-être le rideau tombera-t-il le jour où vous vous sentirez désiré et où votre désir à vous se révélera.

Le coup de foudre

Ce sont d'abord vos sens qui déclenchent le coup de foudre, qui n'est pour autant pas totalement le fruit du hasard, comme l'a bien montré Stendhal dans son grand classique, *De l'amour*. En général, l'attraction est avant tout physique : elle englobe les traits, l'allure, la silhouette, mais aussi l'aspect vestimentaire porteur de repères socioculturels. L'aspect soigné ou négligé, l'harmonie des teintes choisies sont autant de signes de communication, rappelons-le. D'autres éléments jouent ; le regard, le ton de la voix et, bien entendu, le contenu de la conversation. Des millions de signaux sont analysés par votre cerveau qui contribuent à créer soudainement la fameuse alchimie du coup de foudre.

Cette illumination décuple vos sens, envahit toutes vos perceptions. Vous êtes alors souvent entraîné dans la passion amoureuse, surtout si aucun obstacle n'empêche la poursuite de cette histoire qui commence – que ce soit le temps, les distances, les obligations. La montée du désir est difficile à contrôler et conduit certains à braver des interdits pour l'assumer. Comme le souligne Boris Cyrulnik, « la flambée amoureuse, cependant, ne mène au lien fort de l'attachement que dans la mesure où les partenaires partagent un projet. Sinon, quand l'embrasement s'éteint et que les corps sont calmés, les partenaires étonnés regardent d'un œil neutre celui ou celle qui a provoqué l'embrasement[1] ».

Il convient donc de distinguer entre le « coup de foudre » et le « violent désir sexuel ». Le contexte de la rencontre oriente ce qui adviendra d'elle. Faire connaissance chez des amis n'est pas la même chose que de se rencontrer un soir d'été dans une discothèque. Les fêtes peuvent vous désinhiber et vous conduire à de brèves rencontres, tout comme d'autres situations extrêmes. Ne soyez donc pas trop déçu quand, au matin, vous vous réveillez avec le curieux sentiment de vous être enflammé pour peu de choses… N'en attendez pas trop. Le sentiment d'un danger partagé vous conduira également parfois à des comportements pulsionnels. Le besoin d'être rassurée déclenche des gestes, un contact physique : vous vous jetez dans les bras de celui qui pourrait vous protéger. Faire l'amour peut alors faire tout oublier. Et alors ? Où est le mal ? Si cela correspond à votre attente, à votre besoin du moment, ne vous culpabilisez pas. Et n'en veuillez pas à l'autre s'il repart de son côté. L'erreur serait cependant de confondre ces bouffées de désir, d'envie de l'autre avec des promesses de bonheur durable. L'amertume vous guetterait alors.

Si vous saisissez mieux maintenant ce qui explique vos attirances et l'élan d'amour qui peut vous prendre, il

1. Sylvie Angel (dir.), *Mieux vivre mode d'emploi*, Paris, Robert Laffont, 2002.

reste à mieux comprendre les aléas de ce sentiment, sa complexité, les tours et détours qu'il emprunte. Pour mieux appréhender les méandres, les accidents qui tapissent et balisent le chemin périlleux de l'amour, il est indispensable d'explorer les mécanismes sentimentaux et psychiques qui se jouent en vous. Cela vous facilitera la tâche lors de votre prochaine rencontre amoureuse.

De la passion à la dépendance

Les recherches biologiques et cliniques sont venues renforcer les hypothèses et les écrits des poètes, des romanciers et des cinéastes[1]. Plusieurs facteurs entrent désormais en ligne de compte. Des modifications biologiques viennent s'ajouter aux éléments affectifs et psychologiques que votre corps et votre cerveau enregistrent pour donner naissance au lien amoureux futur. Avant de vous jeter à l'eau, repérez les composantes du désir et du plaisir afin d'éviter qu'ils vous plongent dans la dépendance.

Voici comment on peut caractériser en termes biologiques le déclenchement de l'amour : « Le philtre d'amour, c'est ce cocktail explosif et jouissif absorbé lors de l'acte charnel, dont nous pouvons délivrer la recette : trois doigts de lulibérine (initiée par le désir immédiat), un trait de testostérone (la capacité à désirer, une sécrétion continue), quatre doigts de dopamine (sensation de désir et de plaisir), une pincée d'endorphines (le bain de bien-être *post-coïtum*) et un peu de sirop d'ocytocine (hormone de

1. Voir notamment Jean-Didier Vincent, *Biologie des passions*, Paris, Odile Jacob, 1986 ; Lucy Vincent, *Comment devient-on amoureux ?*, Paris, Odile Jacob, 2004.

l'orgasme)[1] ». Ce philtre d'amour procure un tel bonheur qu'on n'a de cesse de le revivre, de le recréer. L'intensité avec laquelle la mémoire s'imprègne de ces émotions est telle qu'on souhaite les retrouver. C'est ce que cherchaient les amants du Moyen Âge, époque à laquelle les philtres d'amour étaient rangés dans la catégorie des ensorcellements diaboliques. Plus de plantes étranges, plus de rognures d'ongles, de crachat de grenouilles ou de cheveux de vierge : notre corps et son système d'hormones savent trouver le bon dosage, ô combien précis.

L'acte sexuel conclut les approches, il ouvre une nouvelle porte dans l'existence du sentiment amoureux. Il le concrétise et dévoile à la fois les corps. Après avoir accepté de vous être montrés nus, de vous être dévoilés, le couple que vous formez commencera une nouvelle relation. L'entente des corps vous invitera à éprouver un sentiment encore plus intense. Pour les partenaires, ces instants d'abandon leur ouvrent la porte de la confiance ; ils sont simultanément envahis par l'émotion et le plaisir. Les défenses tombent, une transformation totale modifie la conscience que certains décrivent comme proche de l'hypnose.

Cette fusion se mue ensuite en attachement durable ou s'arrête brutalement. En général, la fin de la relation amoureuse est une décision prise de façon unilatérale. La souffrance découlant du manque et de l'absence du partenaire qui a rompu est ressentie fort cruellement par celui qui reste seul à l'issue de cette histoire d'amour commencée dans les vertiges du coup de foudre.

L'amour passion, quant à lui, ressemble parfois à la drogue et la dépendance amoureuse a les traits de l'addic-

1. Michel Reynaud, *op. cit.*

tion. La mémoire joue un rôle majeur dans le mécanisme de l'amour fou. L'envahissement de notre psychisme est total. Ces modifications peuvent entraîner des troubles de l'appétit qui permet à certains de perdre des kilos, à d'autres d'en prendre. Il ou elle nous manque, son image envahit toutes nos pensées, « tout est dépeuplé », comme l'écrivait Lamartine. La folie amoureuse prend souvent la forme d'une obsession. Alors, le manque induit une souffrance que l'on a tous et toutes expérimentée, à des dosages différents, suivant l'âge, le contexte et la personne. Il fait partie de la relation amoureuse. Il réactive les liens infantiles tissés avec la mère : les premières expériences du manque sont liées aux premières séparations. L'absence crée le manque, le manque crée le sentiment de perte, de vide, voire de deuil. Si le manque est temporaire, si l'être aimé est censé réapparaître, la souffrance est liée à l'insécurité, au doute. Reviendra-t-elle vraiment ? Ne va-t-il pas m'oublier ? Ne va-t-il pas rencontrer une autre femme ?

Le film *Eternal Sunshine of the Spotless Mind* réalisé en 2004 par Michael Gondry imagine un centre médical qui effacerait toute trace de l'amour et éviterait ainsi les souffrances du manque qui le suit. On pourrait alors revoir son ex sans le reconnaître. Mieux qu'un antidote ! Si vous êtes baigné dans la passion, vos sensations sont suffisamment fortes pour qu'elles laissent une trace indélébile dans votre mémoire. Les sentiments créés par la rupture sont alors tellement douloureux que vous avez peur de les revivre. Le philtre d'amour est réactivé à chaque rapport sexuel et la biologie montre que l'ocytocine participe au mécanisme d'attachement ; mais il faut que les sensations physiques soient aussi complétées par les informations cognitives, par les échanges verbaux, par la connaissance de l'autre.

Certains aiment trop : « Trop aimer, c'est quand vous devenez obsédée par un homme et que cette obsession s'empare de vos émotions, vous dicte votre comportement et va jusqu'à mettre en danger votre santé et votre bien-être, et que malgré tout vous êtes incapable de rompre[1]. » Votre relation prend dans ce cas la forme d'un assujettissement à l'autre. Vous aimez trop, comme une mère peut aimer son enfant, avec une attitude d'abnégation totale. Vous êtes prête à renoncer à tout, pourvu que l'autre soit satisfait. Cela induit une relation asymétrique alors qu'un amour véritable est un partage. Vous vous croyez ainsi indispensable à l'être cher qui aura la tentation de trouver un peu d'oxygène ailleurs. Méfiez-vous : les hommes n'aiment guère le dévouement extrême qui les étouffe et les infantilise, même s'ils paraissent s'y complaire au début de votre histoire.

C'est ainsi que les relations amoureuses sont parfois inégales : l'un a le sentiment qu'il dépend totalement de l'autre… et bien souvent l'autre le sait et peut en profiter. Vous perdez alors votre libre arbitre. Vous pardonnez tout à l'autre, et vous pouvez même aller jusqu'à penser que rien n'est jamais de sa faute, mais que c'est toujours de la vôtre. Lui sait, lui a raison. Voilà qui vous maintient dans un état d'infériorité.

Si vous avez déjà vécu une telle histoire, il est pour vous essentiel de découvrir les mécanismes qui ont expliqué cette emprise. Pour le coup, il est peut-être vrai que l'autre était un « pervers », un « monstre ». Mais vous, pourquoi vous êtes-vous longtemps masqué cette réalité pourtant évidente bien souvent ? Pourquoi avoir si long-

1. R. Norwood, *Ces femmes qui aiment trop*, Paris, éditions de l'Homme, 1992.

temps « joué le jeu » ? Pourquoi même avoir trouvé des excuses à celui à qui vous en voulez tant aujourd'hui ? Une fois encore, il ne s'agit pas de vous culpabiliser, de vous dénigrer... Il s'agit d'échapper aux sentiments amers que cet assujettissement passé a pu vous laisser, de mieux vous connaître et de créer les conditions pour ces relations enfin vous libérer de ce qui vous a poussé dans ces filets.

Faites comme si votre relation était tirée d'un roman policier, jouez le jeu, transformez-vous en détective. Menez l'enquête, vous trouverez dans votre histoire personnelle les motifs qui vous ont conduit à avoir si peu confiance en vous, à manquer tellement d'estime de vous-même que vous avez un temps (et parfois longtemps) accepté cet état d'infériorité dans lequel vous vous êtes laissé enfermer. Même s'il ne conduit pas toujours aux débordements physiques, ce type d'emprise est l'un des mécanismes de la violence conjugale et des relations perverses[1]. Ne vous consolez pas en vous disant que tous ces comportements pervers sont un effet de la passion et que cette violence témoigne de la puissance de la passion. Non, il n'en est rien. Ensuite, quand vous aurez compris : halte aux pervers ! Ne retombez plus dans le piège.

Allez, à vous de jouer, maintenant !

1. Marie-France Hirigoyen, *Le Harcèlement moral*, Paris, Pocket, 2000 ; *Femmes sous emprise*, Paris, Oh Éditions, 2005.

CHAPITRE 6

Retrouver la confiance

Ne vous êtes-vous jamais senti mal à l'aise ? Ne vous êtes-vous jamais trouvé mal dans votre peau, en proie au doute, envahi par des sentiments négatifs vis-à-vis de vous-même ? Combien de fois avez-vous détourné le regard de la glace de votre salle de bains, le matin, après une nuit pénible ? Quelle mine ! Quel air sinistre ! Vous êtes si triste à l'idée que personne ne vous regarde vraiment, qu'on ne vous désire pas. Toute la beauté du monde vous semble inaccessible. Les magazines, les films, les émissions de télévision sont tous pleins de ces images qui vous attirent et qui sont autant de pièges pour votre bonne humeur. Jamais vous n'arriverez à la cheville de votre acteur ou de votre actrice préférés. Comment, dans ces conditions, trouver quelqu'un ?

N'oubliez quand même pas que l'apparence de tous ces personnages qui se donnent en spectacle est le fruit d'un long travail. C'est le moment ou jamais de penser aux heures fastidieuses qu'ils ont passées entre les mains de maquilleuses et de coiffeurs professionnels. Cela vous aidera à cesser de vous répéter que vous êtes nul, moche, sans intérêt. Retrouvez votre amour-propre. Il est là, il est en vous. À vous de le dénicher. Dites-vous bien qu'il est toujours en mouvement : le jour où vous avez réussi votre bac avec mention très bien, il était au plus haut ; maintenant que vous venez de rompre, il est au plus bas. Le miroir de vos sensations est déformé. Pour le remettre dans le bon sens, pour effacer les traces qui masquent la personne qui est en vous, il faut justement déporter le regard que vous posez sur vous-même. C'est la magie de l'anamorphose.

L'estime de soi : une affaire de regard

S'aimer, cela s'appelle l'estime de soi, l'estime que l'on se porte à soi[1]. Ce sentiment diffère chez un homme et chez une femme, et selon chaque personnalité, naturellement. Vous pouvez ainsi vous sentir sûr de vous sur un plan professionnel ou amical, mais douter de vous en tant que femme ou en tant qu'homme. L'estime que vous avez de vous-même est un jugement de valeur que vous portez sur vous et qu'il est essentiel de restaurer s'il vient à se faire rare en vous. Afin de pouvoir quitter votre cachette et vous ouvrir aux autres. Être sûre de vous dans votre

1. Christophe André et François Lelord, *L'Estime de soi*, Paris, Odile Jacob, 1999 ; Christophe André, *Imparfaits, libres et heureux*, Paris, Odile Jacob, 2006.

féminité, par exemple, c'est ouvrir le chemin sur lequel vous vous sentirez plaisante, sur lequel vous pourrez plaire aux hommes.

Ce regard n'est pas le même tout le temps, il évolue tout au long de la vie. Votre éducation, le regard que vos parents ont porté sur vous quand vous étiez petit, le regard que vos amis, votre entourage ont porté sur vous : tous ces regards sont comme les miroirs dans lesquels vous vous êtes vu, vous vous voyez, vous vous verrez. Les images de vous qu'ils reflètent contribuent à l'élaboration de la manière dont vous vous estimez en tant que femme et en tant qu'homme. Les épisodes que vous avez vécus au cours de votre vie amoureuse et la manière dont vous avez été considérée par vos partenaires ont pu fortifier ou affaiblir cette estime.

Pour être qui vous voulez désormais être, il vous faut réussir à rompre avec ce type de chaînes. Repartez de zéro pour arriver à vous apprécier vous-même. Quittez, oubliez tous les *a priori* sur vous. Sortez des sens uniques, tournez sur vous-même, retournez-vous sur vos pensées négatives, vos complexes. Vous pourrez ainsi de nouveau vous regarder dans un miroir et y trouver du plaisir, un miroir qui reflétera les rayons de soleil de vos émotions.

Attention donc à ne pas vous considérer aujourd'hui uniquement à l'aune du sentiment d'échec que vous ressentez, à ne pas intérioriser les regards que vous croyez négatifs des autres sur vous. Non, vous n'êtes pas nulle ! Non, vous n'êtes pas un perdant !

Changez de regard sur vous-même

Est-on toujours objectif ? Non, mais vous l'ignorez. On reconnaît plus facilement les qualités d'une amie que celles d'un inconnu ou, pire encore, d'un ennemi. En dehors de toute considération affective, vous ne percevez pas l'aspect physique d'une personne de la même façon. Ainsi, certaines études ont montré que, dans une entreprise, si l'on demande à chacun de donner la taille approximative des personnes qui y travaillent, plus la personne a un statut hiérarchique élevé, plus chacun l'imagine grande. Les policiers, dans le cadre d'enquêtes criminelles, doivent faire avec la subjectivité du regard humain. Lorsqu'ils recueillent des témoignages, ils obtiennent autant de portraits différents qu'ils interrogent de témoins. Méfiez-vous donc de vos premières impressions : si vous avez une bonne impression au début, c'est dans la majorité des cas annonciateur d'une bonne relation future, mais ce n'est pas toujours vrai. Attention ! À l'inverse, en cas de mauvaise impression, vous laisserez peut-être passer votre chance.

Ce qui est vrai à propos de la vision des autres l'est aussi pour vous. Ne croyez pas tout ce que l'on dit sur vous ; surtout si c'est vous qui le dites ! Sachez par exemple que, quel que soit le discours de vos parents sur votre apparence, ils ne pouvaient vous voir tel que vous étiez vraiment. Leurs propos étaient eux-mêmes sous l'influence de ceux que leurs ascendants avaient tenus sur eux. Ils projetaient sur vous, comme pour s'en débarrasser ou pour que vous les en débarrassiez, ce qu'on avait dit à leur endroit ou ce qu'ils pensaient d'eux-mêmes.

Éliane, la mère d'Évelyne, n'a eu de cesse dans toute son enfance de lui faire des reproches et de la dévaloriser. C'est en comprenant que ces critiques ne s'adressaient pas véritablement à elle, mais à sa grand-mère maternelle qu'elle put reprendre confiance en elle. Éliane avait 9 ans quand ses parents se sont séparés et que sa mère est partie avec un autre homme sans plus donner signe de vie, la laissant, désemparée, à la garde de son père. Les sentiments d'Éliane pour sa mère se sont alors tissés d'amour, de manque et de haine.

Devenue mère à son tour, elle a donné à sa fille le prénom de sa mère. Gage d'amour d'une fillette abandonnée ou façon de redonner vie à l'absente ? Pour ne plus être victime, elle s'est transformée en bourreau : les reproches qu'elle n'avait pu adresser à sa mère, elle les dirigeait vers sa fille. Évelyne se croyait mauvaise fille, méchante, égoïste et laide, et tentait de démontrer le contraire aux autres en se sacrifiant pour tous. Quand elle a réalisé qu'elle n'était pas celle qu'on lui faisait croire qu'elle était, elle a enfin pu trouver sa vraie place et oser être elle-même.

Anne se souvient que son père l'appelait « mon petit gars ». Adolescente, son père ne supportait pas quand elle voulait se maquiller ou mettre des robes trop courtes et n'hésitait pas à menacer de la battre si elle transgressait ces injonctions.

Camille entend encore sa mère l'appeler « mon petit crapaud ». C'était affectueux bien sûr, mais cette mère était une femme particulièrement coquette, soignant sa beauté et ne souffrant aucune rivale. « Elle portait des robes splendides, ajoute Camille, et m'habillait comme un sac à patates prétextant que j'étais négligente avec mes affaires. »

Le regard de vos parents a été à la fois un moule qui vous a formé et un miroir qui vous renvoyait une image. Ce regard, nous l'avons dit, vous a été utile pour vous construire personnellement. Mais il importe aussi de vous en départir pour que vous deveniez vraiment vous-même et pour que vous puissiez vous voir avec vos propres yeux.

Quand Stéphane montait sur un vélo, sa mère lui disait, sans doute angoissée de le voir s'éloigner d'elle : « Attention tu vas trop vite, tu vas tomber ! », ce qu'il s'empressait de faire aussitôt, comme pour lui donner raison inconsciemment, tout en s'étonnant des capacités de prédiction de sa mère. Stéphane tint sans doute de cela son peu de goût pour le sport et ses difficultés à réussir certains examens. Pas de risque ! Surtout pas de risque !

Offrez-vous un carnet et notez dedans tout ce que vos parents ont dit et disent encore de vous. Notez également, en prenant le temps de vous souvenir, ce que les autres membres de votre famille disaient de vous. Vous serez surpris de constater combien ces propos ont pu influencer qui vous pensez « être ». Et ce, parfois de façon paradoxale :

Ainsi Luc a compris que c'est à force de s'entendre dire qu'il était fainéant qu'il est devenu un vrai bourreau de travail. Impossible pour lui de s'arrêter un instant, de se poser sans rien faire à écouter de la musique ou bien juste à rêver. Alors, les week-ends en amoureux, il ne connaît pas !

Plus perversement, ces étiquettes qui vous ont été imputées n'étaient pas forcément négatives. « On fera de lui un écrivain », « Qu'est-ce qu'elle est mignonne ! », « Tu es vraiment gentil » : combien de vies se trouvent embarrassées par ces jugements à l'emporte-pièce proférés tels des rituels par la famille, tantôt dévalorisants, tantôt tellement valorisants qu'ils en finissent par fonctionner comme des injonctions, des missions à accomplir, souvent bien loin de ce à quoi l'enfant, une fois devenu adulte, aspire au fond de lui-même sans toujours oser se l'avouer ni se donner les moyens d'aller au bout de ce qu'il est véritablement. De quoi partir dans de mauvaises directions, comme nous le disions au début de ce livre. De quoi aussi miner son estime de soi.

Le regard de vos parents sur vous ne sera jamais le vôtre. Car vous n'êtes pas vraiment (ou seulement) ce qu'ils ont vu ou dit de vous. Ne l'oubliez pas. Ne vous laissez pas aveugler. Ce n'est pas parce que vous aimez vos parents (et qu'ils vous aiment) qu'ils ont raison.

Ce n'est pas l'homme qui fait la femme

Bien des femmes soumettent leur estime d'elles-mêmes au désir des hommes pour elles. Elles ne se sentent vraiment femmes que lorsqu'un homme les aime. Si une femme se sent ainsi femme avec un homme, c'est aussi parce qu'il la détache de sa mère. Tout le monde connaît les conflits qui s'engagent entre les générations, et le traditionnel conflit entre gendre et belle-mère tient beaucoup à cette rivalité de pouvoir autour de la jeune fille. Si votre mère est trop présente à vos côtés, la femme qui est en vous continuera de se sentir seulement comme une fille.

Il est surtout dommage que beaucoup de femmes n'aient appris à se sentir et à se définir comme femmes que dans le rapport aux hommes. C'est comme si vous restiez un peu l'Ève sortie de la côte d'Adam. Tout se passe ainsi comme si, par ailleurs, votre père ne s'était pas reconnu en vous comme il pouvait se reconnaître, se retrouver dans son ou ses fils. La vision du père sur sa fille se réduit alors à la considérer comme un morceau de sa femme, comme sa femme sous la forme d'une miniature. Explication : il n'aurait qu'une conception étriquée du féminin. Dans ce cas, vous vous êtes peut-être construite en intériorisant mal tout ce qu'il y a de commun entre les hommes et les femmes. Vous vivez comme si vous étiez seulement une moitié de personne, et non comme un être à part entière. Une telle confusion crée une grande dépendance aux hommes, au regard qu'ils portent sur vous. Vous êtes extrêmement fragile quand vous êtes confrontée à des ruptures, car c'est alors toute votre identité de femme qui vous paraît rejetée lorsqu'un homme vous quitte.

Les femmes qui fonctionnent ainsi doivent vraiment apprendre à exister par elles-mêmes, en se libérant du regard des hommes, en devenant indépendantes. C'est aux côtés de femmes d'horizons divers ou d'amis qui ne la désirent pas sexuellement qu'elles prendront un nouvel envol en devenant femmes. Grâce à cette régénérescence, elles trouveront le chemin d'une rencontre solide. Il est évident, même si c'est peut-être un peu moins vrai, qu'une forme de dépendance symétrique se rencontre chez certains hommes, surtout marqués par un certain machisme, comme s'il leur fallait toujours se promener en compagnie de splendides créatures pour se sentir exister en tant qu'hommes, mettre en scène leur virilité triomphante, leur pouvoir de séduction pour exister. Le regard social joue ici un rôle essentiel.

Attention aux amis bien intentionnés !

Vos amis peuvent aussi parfois vous renvoyer une image déformée de vous-même. Prenons l'exemple de vos amis de longue date : ils ont gardé en eux l'image de l'adolescente ou du jeune homme que vous étiez, et ils ne manquent pas, pour plaisanter bien sûr, de vous faire des réflexions qui vous rappellent des aspects de votre personnalité d'alors qui n'ont plus rien à voir avec celle d'aujourd'hui, avec ce que vous êtes devenu. La bande d'amis est conservatrice. Elle n'aime guère l'émancipation de ses membres. C'est en prenant ses distances avec elle que l'on peut se mettre en couple au sortir de l'adolescence. Certains, bien que parfois trentenaires, n'ont jamais réussi à couper le cordon amical ou bien, après une rupture amoureuse, ils sont retournés au sein du groupe et s'y sont à nouveau enfermés. Les copines, les vieux copains de toujours vous aiment tel que vous êtes, pensez-vous. Peut-être, mais alors sans doute pas tel que vous désirez être. Ce qui est sûr en tout cas, c'est qu'ils vous voient tel qu'ils aimeraient que vous soyez. Leur regard est bien sûr important puisque ces amis, vous les avez choisis ; vous avez donc opté pour un certain regard sur vous. Mais précisément, aujourd'hui, vous souhaitez évoluer. La chaleur des amis, en ces temps d'après rupture, peut aussi être un piège.

De plus, une personne qui a de longue date une mauvaise estime d'elle-même risque de choisir des amis qui valideront ce regard et qui se moqueront d'elle ou la déconsidéreront, gentiment mais sûrement. Comme dans les couples homme-femme, il existe des relations d'amitié quasiment sado-maso. Bien sûr, le sentiment d'amitié demeure, mais il est sous-tendu par une notion d'exclusivité relationnelle, de codépendance, d'échange de services, de temps et de secrets partagés, voire de protection mutuelle. Au sein du couple d'amis, l'un fait parfois souffrir l'autre par de petites humiliations ou des critiques répétées, éventuellement enrobées d'humour. Certains trouvent bien commode d'avoir un bon copain qui leur sert de faire-valoir ou une vieille copine pas gâtée par la nature ni très futée qu'ils se donnent bonne conscience à « soutenir ». Gardez précieusement vos amis, mais sachez ce que l'amitié veut dire entre vous et ce qu'elle risque de blesser en vous.

Lorsqu'on débute une nouvelle histoire d'amour, on prend de fait de la distance avec ses amis. Au moins les premiers temps, quand la passion est au rendez-vous. Amour et amitié ne font pas souvent bon ménage. L'amour est comme un nouveau-né, il exige une présence constante et une totale dépendance à son égard. L'amitié, elle, est comme un grand frère, jaloux de ce nouveau-né et ne comprenant pas qu'il déclenche chez vous tant d'attentions alors qu'il vient d'arriver dans votre vie et qu'il n'a pas fait ses preuves. Tels certains aînés qui aimeraient bien jeter le bébé dans la poubelle, vos amis ne seront pas souvent très objectifs quant au nouvel élu de votre cœur et à votre relation avec lui.

Parfois, dans une famille, certains aînés, ayant entendu parler d'un projet de maternité, se montrent si difficiles à vivre que la mère en vient à différer le nouvel enfant, au motif que c'est déjà assez compliqué avec un. Avant même que l'amour ne naisse, sentant que vous pourriez leur échapper si cela survenait, vos amis peuvent tuer dans l'œuf votre capacité à vous lancer dans toute liaison amoureuse éventuelle : ils décrient tout prétendant possible, ils mettent en doute tous vos espoirs, toutes vos prétentions, ce qui naturellement vous dévalorise à vos propres yeux et vous fait perdre l'assurance nécessaire et l'élan qui vous permettraient de voir un avenir amoureux sous un ciel bleu plutôt que sous la pluie… Au même titre qu'ils peuvent se montrer mauvais conseillers sur vos choix amoureux et sur les attitudes à adopter, ils peuvent vous démobiliser ou vous décourager, ce qui entraîne lentement mais sûrement l'instauration de votre propre mésestime et diminue la valeur que vous vous accordez. Méfiez-vous de leur jugement. Est-ce vous qu'ils cherchent à protéger en se montrant critiques ou bien eux ?

> « Mes amies m'avaient tellement persuadée que j'étais incapable de garder un homme parce que j'étais trop naïve et trop gentille (sous-entendu trop gourde), que je n'essayais même pas d'en rencontrer », nous confie Myriam.

C'est surtout vrai de la part des copains et copines qui ne sont pas en couple. Ceux qui au contraire le sont vont souvent préférer que vous ne soyez pas seul pour pouvoir vous présenter leur compagnon avec moins d'appréhension. Écoutez donc vos amis… mais pas trop. En tout cas, ne vous laissez pas enfermer dans un labyrinthe. N'attendez pas un regard objectif sur vous-même. Il faudrait que vous leur soyez totalement indifférent. Or ils vous aiment trop pour cela. Soyez réaliste, relativisez leur manière de vous voir lorsque vous êtes amoureux ; prenez en compte leur jugement sur qui partage votre vie, mais n'en faites pas une loi inflexible.

Et au travail ?

Le regard de votre entourage professionnel est un autre facteur qui influencera la vision que vous avez de vous-même. Comment êtes-vous perçu dans ces différents cercles ?

> « Pour mes copines, une vraie femme c'est une poupée Barbie®. Comme je m'intéresse aux sports, à la politique et que je ne vais pas chez la manucure, elles me prennent parfois pour un être à part, en tout cas pas pour une vraie femme », se plaint Charlotte, 22 ans. « Je travaille dans le milieu de la finance où les femmes sont minoritaires. Ce que j'entends sur les femmes n'est guère valorisant. Sans cervelle, trop émotives, inconstantes, indignes de confiance, sont les premiers éléments d'une longue liste de qualificatifs négatifs. Et quand on me rappelle mon statut de femme, ce n'est que pour me faire des reproches qui sont alors accompagnés de la sentence habituelle : "Vous êtes bien une femme !" »

Vous avez sans cesse souhaité sortir de la spirale de ces jugements, mais la plupart du temps, vous n'avez pas arrêté de faire précisément le contraire : vous avez intériorisé ce type de discours et fini par les accepter. Faites-les sortir de vous et renvoyez-les à leurs destinataires. Sortez votre esprit du désert de sable dans lequel tous ces stéréotypes l'ont plongé. Avancez vers vous-même malgré toutes ces voix. Plus vous avancerez, plus elles vous paraîtront lointaines et moins audibles.

Vous évoluez parfois dans un milieu professionnel qui ne vous correspond pas. Un secteur professionnel rassemble habituellement des personnalités qui ont des points communs et des façons de voir la vie qui concordent. Les habitudes de travail les confortent. Mais, pour des raisons diverses, les chemins de la vie ne nous mènent pas toujours vers le champ professionnel qui convient à nos aspirations et qui est propice à notre épanouissement personnel.

C'est pourquoi, les collègues que vous fréquentez peuvent parfois être si différents de vous que vous ne vous reconnaissez pas (ou plus) en eux et que parfois vous vous demandez si vous n'êtes pas anormal. À leurs yeux, vous êtes en effet un extraterrestre tant votre attitude, vos propos et vos centres d'intérêt ne correspondent pas aux leurs. S'il vous manque un groupe d'amis très présent, qui vous rassure, vous risquez de trop subir cette pression. Et bientôt peut-être, vous vous replierez sur vous-même, vous étoufferez certaines facettes de votre personnalité afin de vous conformer aux regards que portent sur vous vos collègues. Or, dans les faits, c'est dans le domaine professionnel que l'on rencontre majoritairement ses nouveaux amis et son partenaire amoureux.

Éloignez donc ces discours négatifs. Ils vous causent du tort, surtout à l'intérieur de vous. Ils minent la confiance qui vous est nécessaire pour repartir de l'avant et retrouver la force, le courage d'aimer. Et tant mieux si vous n'êtes pas tout à fait conforme au « moule » professionnel. Ce n'est pas ce qu'on vous demande. Obtenez-vous de bons résultats ? Atteignez-vous les objectifs strictement professionnels qu'on vous a impartis ? Êtes-vous bien considéré pour votre « professionnalisme » ? Bien sûr, au travail, la seule efficacité, la seule compétence ne suffisent pas. Il convient aussi d'être bien « accepté » dans le groupe. À vous de jouer de vos qualités purement professionnelles pour faire passer vos petites différences personnelles. Vous y trouverez justement de quoi renforcer votre estime de vous-même, au lieu de vous laisser miner au motif qu'on vous considère comme le « vilain petit canard ». Après tout, vous êtes peut-être justement l'« original de service », la personnalité atypique dont tout groupe, quel qu'il soit, même le plus conformiste, de la petite école à la banque d'affaires anglo-saxonne, a besoin.

Ne cédez pas à la mauvaise humeur

De votre humeur dépend la vision que vous portez sur vous. Votre humeur n'est pas votre caractère : ne mélangez pas les deux. Si le caractère est un paysage, l'humeur en est les conditions météorologiques. Bien sûr, l'humeur donne un aspect différent au caractère. Et un décor de campagne ou bien de mer sous le soleil ou sous la pluie change radicalement les couleurs du paysage.

Quand votre humeur est changeante, vous arrivez à vous en méfier, à anticiper et à vous adapter. Mais certaines personnes ont une humeur altérée pour de longues périodes, ce qui modifie à la longue le regard qu'elles portent sur elles-mêmes.

Si vous êtes anxieux (ça, c'est plutôt votre caractère), vous allez vous imaginer fragile, peu résistant, maladroit, sans consistance. Si vous êtes déprimé, vous penserez être moche, grosse, négligé, mou ou bête, et rien d'autre. À l'inverse, les personnes que l'on qualifie d'hypomanes présentent une exaltation : elles sont euphoriques. Ce qui transforme également leur caractère. Elles se sentent légères, infatigables, elles se croient capables de tout entreprendre. Tout est source de ravissement, rien ne les intimide, elles sautent d'une idée à l'autre, elles pensent briller aux yeux de tous, être irrésistibles. Ce n'est que rarement le cas : on les juge familières, déconcertantes, fatigantes, survoltées, envahissantes et incohérentes.

Observez-vous. Quel type d'humeur est la vôtre ? Certains se savent déprimés ou anxieux ; d'autres le sont depuis si longtemps qu'ils ne s'en rendent même plus compte. Comparez votre manière de voir le monde, de vous sentir en lui, avec celle des autres. Votre humeur ne se contente pas de modifier le regard que vous vous portez, mais à plus ou moins long terme, elle modifie également votre apparence. La baisse de l'humeur déclenche une baisse de votre système immunitaire qui favorise les risques de maladies infectieuses. Votre corps vient traduire votre état mental, votre attitude générale ; votre teint de peau, vos rides d'expression, votre tonus musculaire, votre odeur corporelle, la qualité de vos ongles et de vos cheveux reflètent ce qui se passe en vous. Et ils le reflètent pour les autres. Or les humains ont en commun avec les autres mammifères de chercher à se mettre en couple avec ceux qui leur paraissent se porter le mieux. C'est pourquoi agir sur son humeur permet à la fois d'agir sur son image de soi et sur son apparence, ce qui contribue à lever les obstacles majeurs qui empêchent que la rencontre amoureuse puisse se faire.

Attention donc à ne pas vous enfermer dans la grise mine, la grogne, le ronchonnage, le négligé. Vous n'avez pas le moral ? Allez chez le coiffeur. Tenez-vous, pomponnez-vous, forcez-vous à sourire. Cessez les réflexions acides ou amères à tout propos. Au début, cela ne va rien changer. Vous vous trouverez toujours moche, sans intérêt, fade. Mais le regard des autres, lui, changera, et vous finirez par le remarquer, ce qui vous donnera du baume au cœur. Attention donc à vos humeurs : on ne se force pas à être joyeux, mais on s'enferme vite dans la tristesse et la grogne.

Rompez avec ce qui vous entrave

Bien des complexes viennent blesser l'amour et l'estime que vous vous portez. Ils touchent le corps comme l'esprit. Vous pensez ne pas posséder les attributs qui caractérisent les belles femmes ou les femmes intelligentes, les hommes qui réussissent ou les bons maris ? De tels complexes sont apparus dans la petite enfance ou à l'adolescence ; ils ont persisté alors qu'ils se dissipaient chez les autres. Chez certains, on assiste ainsi à de véritables fixations obsessionnelles sur telle ou telle partie du corps. Mais il y a plus gênant encore.

Le complexe de culpabilité empêche parfois d'être pleinement par exemple la femme qu'on aimerait être car on pense porter le sentiment d'une faute ou celui de ne pas être en règle ou en droit de s'affirmer.

> C'est le cas de Flora qui a longtemps porté la culpabilité d'être adorée par son père et qui subissait la jalousie de sa mère et de ses sœurs. Une telle culpabilité portait atteinte à son estime de femme ; vis-à-vis des autres elle n'osait pas se mettre en avant. Son comportement général était celui d'une femme timide, qui ne se mettait jamais en valeur physiquement.

Le complexe d'échec touche des personnes qui croient plus au destin qu'en leurs capacités à s'épanouir, à s'assumer : elles abandonnent à la première difficulté car elles croient voir en elles le signe annonciateur de l'échec assuré. Ces personnes doutent surtout de leur « chance ». Elles sont souvent prisonnières de prophéties qu'on a faites sur elles.

> La mère de Jean n'a eu de cesse de lui répéter qu'il n'était pas fait pour vivre avec une femme tout en lui reconnaissant par ailleurs mille et une qualités. La motivation inconsciente de sa mère étant de le garder à ses côtés, d'éliminer les intruses.

Les points communs aux complexes sont autant de comportements d'autocensure, d'autodénigrement, de pessimisme et de désenchantement. Ou bien le contraire. L'écart entre ce que vous êtes et ce que vous aimeriez être est trop grand car votre idéal est inatteignable. Vous vous êtes peut-être construit un idéal qui vous a servi de modèle, de guide. À présent, le modèle vous pèse car il est impossible à atteindre. Régimes, contraintes, exigences, perfectionnismes, refus des compromis : vous êtes prêt à toutes les souffrances. Tous vos efforts restent vains, et ils vous épuisent, ils vous font perdre toute votre énergie. Impossible alors de rencontrer quiconque… Un idéal de soi permet de s'améliorer. Mais s'il est excessif, il amènera à terme à une négation de votre être. Dites non à la dictature de cet idéal.

Pour mieux vous estimer vous-même, il faut connaître vos points forts et vos points faibles, et vous accepter tel que vous êtes. Ainsi vous serez plus à l'aise pour accepter les critiques et les compliments. Ils vous feront progresser plutôt que de vous maintenir dans l'état pénible dans lequel vous êtes peut-être plongé. Devenez votre ami et, pourquoi pas, votre meilleur ami. Occupez-vous de vous, soyez à votre écoute, soyez attentionné. Ne restez pas dans le mensonge sans vous en apercevoir. Soyez sincère envers vous-même.

Pour recouvrer votre estime de vous-même, il faut déboutonner votre paraître. À force de vouloir protéger votre être, ce paraître finit par l'emprisonner. Vous n'êtes pas seulement ce que vous faites. Faites-le savoir !

La femme, c'est aussi vous !

Dans l'histoire de beaucoup de femmes, une ou plusieurs consœurs occupent la place de *la* femme, la « vraie », l'idéale. La place étant occupée, vous n'avez alors pas la capacité d'être véritablement ou totalement la femme que vous devriez et voudriez être. La « vraie » femme, c'est l'autre : des filles, des jeunes filles, des sœurs, des femmes enfants, des jeunes femmes, des garçons manqués, des ménagères, des intellos... Cette autre, c'est votre sœur, votre mère ou votre meilleure amie. On a toujours plus femme que soi dans son histoire ou dans son entourage, et on se cache parfois derrière, n'osant pas occuper cette place si bien occupée par l'autre.

Sortez de votre cachette ! Il y a mille et une façons d'être femme et sans doute autant d'être homme. Trouvez la vôtre et acceptez-la. Vous craignez peut-être de vous situer comme rivale par rapport à ces femmes dont vous vous sentez l'alliée ou l'obligée ?

> C'est le cas de Clara qui nous confie : « Ma mère était jalouse quand mon père s'occupait de moi. J'en ai

gardé une culpabilité chaque fois que je plais à un homme. Chez moi, la vraie fille, c'était ma sœur aînée ; moi j'étais la suivante. Je devais porter les affaires devenues trop grandes pour elle. Son parrain était le meilleur ami de Papa alors que le mien était un vague cousin. Elle avait la plus grande chambre. Comme elle avait été formée avant moi, les garçons ne voyaient qu'elle quand nous sortions. Elle ne voulait pas que je parle avec ses amis. Plus tard, un prétendant éconduit par elle m'a dragué. Je n'aurais jamais cru pouvoir plaire à un garçon aussi beau. Je me souviens encore de la scène qu'elle m'a faite m'accusant d'être jalouse d'elle. Elle m'a tellement impressionnée que j'ai dit non à ce garçon dont je rêve encore. »

De même, petit garçon, peut-être étiez-vous fasciné par un camarade de classe qui, selon vous, cumulait toutes les qualités : beau, bon élève, adoré par les enseignants, courtisé par les filles, doué en sport. Et tout ce que vous faisiez vous semblait bien plat, bien fade. Comme vous n'étiez pas lui, vous n'étiez rien, sans intérêt. Nous avons ainsi des autres que nous voudrions être et dont la fréquentation nous fait souffrir. Comme nous n'avons pas leurs qualités qui nous semblent inestimables, nous croyons n'avoir que des défauts. Et cela va même au-delà de l'envie. Mais vient un moment où il faut faire le bilan. Ce petit garçon qui était votre idéal incarné, qu'est-il devenu ? Il est fort peu vraisemblable que sa vie n'ait été qu'une suite idyllique de succès tandis que la vôtre n'aurait été qu'une collection d'échecs pathétiques. Nous avons besoin de héros, nous avons besoin de modèles, mais nous avons surtout besoin d'être notre propre héros, d'affirmer notre propre modèle.

Nous ne vous invitons pas à sortir de l'ombre pour en faire à ces autres. Mais simplement pour vous mettre en lumière. De la place, de la lumière, il y en a assez pour tous.

Ce qui sonne le glas de votre estime de vous-même

Les séparations, les paroles désobligeantes de vos ex blessent votre identité. Et vos échecs affectifs renforcent vos doutes. Parfois, une seule rupture suffit. Vous vous dites alors : « S'il me quitte, c'est que je n'ai pas la capacité de garder un homme. » « Mais qu'est-ce que j'ai, à la fin ? Pourquoi elles s'en vont toutes ? »

Vous oubliez alors les difficultés qu'il y a à s'attacher à quelqu'un. Vous négligez aussi les caprices de l'amour, qui tiennent à une alchimie subtile. Il n'y a pas de justice en amour, pas de raison. Peut-être avez-vous tout bien fait, peut-être êtes-vous quelqu'un de très bien. Mais non, quand même, il ou elle ne vous aime pas assez, ne vous aime plus. Inutile de protester à l'injustice, inutile d'en appeler à vos « droits ». Admettons même que ce soit votre comportement qui joue un rôle dans ces « échecs » amoureux. Revenez à l'exemple que donnent les enfants. Combien de fois tombent-ils avant de savoir marcher ? Il est rare que l'on sache d'emblée vivre en couple. Il faut se lancer, tomber et se relever.

Dans cette perspective, vous vous contenterez peut-être d'imiter le couple qu'ont formé et forment vos parents, des personnes de votre famille ou de votre entourage (ou de prendre le contre-pied). Mais chaque fois, cela reste une expérience unique en soi, personnelle. Et la vie à deux s'apprend surtout sur le tas.

Après une rupture, surtout si l'on reste seul quelques années, on a du mal à refaire le chemin que l'on a parcouru sans réussir. Il en va comme après un grave accident de ski : plus vous tarderez à vous remettre à skier, moins vous croirez pouvoir le faire. Après certains accidents, une rééducation musculaire longue et douloureuse s'impose parfois. Ici le muscle en question, c'est votre cœur. Vous vous croirez à jamais incapable de revivre une liaison amoureuse, d'être à même d'échanger des sentiments et de l'intimité avec un homme.

Certes, l'isolement et le repli vous soulageront dans un premier temps. Ils vous mettront à l'abri de toutes les stimulations relationnelles auxquelles vous n'avez plus la force de réagir. Ils vous permettront de réfléchir sur vous-même. Mais à la longue, cet isolement entraîne une sclérose affective. On retourne sur soi-même toute son énergie aimante pour vivre en autarcie affective. Le risque de la rupture s'éloigne bien évidemment, mais à quel prix ! L'autarcie bloquera tout le développement affectif de votre être et vous privera de la jouissance de l'échange. Et vous resterez figé, impuissant à sortir de votre désamour. Vous ne pourrez plus être ni agir. Ni aimer. Vous fuirez tout le monde, vous garderez tout pour vous, votre douleur en particulier. Votre silence enfermera votre tristesse, votre douleur. Et vous resterez plongé dans ce que nous avons décrit au début de ce livre, votre estime de vous-même au plus bas.

Halte au fatalisme

Il est un obstacle majeur à l'estime que vous portez à la personne qui est en vous. Vous croyez que tout est écrit d'avance, que ce qui doit arriver advient fatalement et que vous n'êtes que la marionnette du destin. Cette croyance permet évidemment d'accepter l'inéluctable, mais elle chasse votre énergie et met en danger ce qui en vous est créateur. Elle mine le pouvoir que vous avez d'influer sur votre destinée. Car c'est aussi votre tempérament qui fait votre destin. Qu'est-il après tout sinon le hasard auquel vous donnez un sens ?

En particulier, ce ne sont pas toujours les autres qui sont responsables de tout. Votre estime de vous-même ne deviendra pas plus grande si vous accusez toujours les autres et leur faites porter la responsabilité de vos difficultés et de vos échecs. Reconnaître vos erreurs, vos failles : tout cela vous prépare à vous améliorer intérieurement et à laisser grandir votre estime personnelle. Il est impératif que vous ouvriez les yeux sur vous-même. Plus vous vous connaîtrez et plus vous découvrirez votre estime et vos capacités. Accordez-vous le droit à l'erreur, faites preuve de persévérance et donnez-vous la capacité de risquer. N'importe quelle femme ne se réduit pas à ses talents de ménagère, de mère de famille ou à ses qualités physiques, par exemple !

Ne prenez rien pour argent comptant. Apprenez à plus réfléchir, à plus mettre en doute ce qu'on vous dit, ce que vous entendez dans les médias ou ce que vous lisez. Prenez des avis contradictoires. Aiguisez votre esprit critique. Exercez votre jugement. Le relativisme ambiant, facteur de tolérance, a aussi tendance à donner l'impression que tous les avis se valent et qu'il convient donc de s'abstenir de juger. Une telle habitude ne doit pas vous empêcher de prendre position et d'être à même de jauger de façon différente ce qui se passe et se dit, que ce soit dans votre entourage ou plus loin. Vous pouvez juger la conduite d'autrui ou ses propos par rapport votre échelle de valeurs tout en le respectant.

À force de refuser de donner votre avis, de ne jamais user de votre capacité de jugement, vous avez laissé aux autres une place insidieuse, vous leur avez ouvert la possibilité de vous critiquer, de miner votre confiance. Être toujours neutre handicape tous vos rapports humains et les limite à des échanges superficiels ou complaisants. Ne vous contentez pas de rester à la surface des choses et des gens par peur de vous engager. Autorisez-vous à juger et ne pensez pas qu'en agissant ainsi vous allez agresser votre interlocuteur. Le jugement vous permettra de faire réellement face à l'autre, de reconnaître vos différences sans nier votre présence mutuelle. Un face-à-face qui instaurera votre place ainsi que celle de l'autre.

La spirale de ces complexes qui vous retiennent et vous empêchent de vous épanouir, et votre estime de vous-même en berne ne doivent pas vous conduire à l'apathie intellectuelle, qui vous rendra encore plus fragile aux malentendus, aux faux-semblants, aux visions inadaptées. Ayez confiance, et sortez de toutes les contraintes que l'on a voulu vous imposer ou que vous vous êtes imposées à vous-même. Dépassez-les, cela vous libérera.

Soyez vous-même !

La fidélité d'un ami fait que l'on a confiance en lui. De même, rester fidèle à soi-même est un bon moyen de garder confiance en soi. C'est ainsi que vous vous respecterez. Il s'agit d'avoir un comportement conforme à ce qui revêt à vos yeux de l'importance.

Pour éclaircir le ciel et chasser les nuages qui assombrissent votre estime de vous, établissez votre propre échelle de valeurs. Soyez à votre écoute. Repérez quand des propos ou des attitudes chez autrui vous mettent mal à l'aise, vous serrent la gorge ou réveillent des émotions négatives en vous. Quand une personne vous déplaît, essayez de détailler ce qui précisément vous dérange en elle. Ensuite, accordez votre attitude avec ces valeurs, malgré les réactions que cela suscitera. Le fait d'être fidèle à vous-même ne fera que renforcer l'estime que vous éprouverez à votre égard. Affichez-vous : cela vous rendra plus visible pour les autres et ils apprendront ainsi à mieux vous connaître et à vous respecter. Exprimez-vous. N'ayez pas de crainte à donner voix aux sentiments que l'extérieur produit sur vous. Dites ce que vous pensez, ce qui vous tient à cœur. Dites haut et fort ce que vous ressentez. Sincèrement. Ce qui vous plaît comme ce qui vous déplaît. À chaque occasion, témoignez de vos états d'âme et de vos opinions. Qu'importe si vous les jugez sans intérêt, voire ineptes, accordez-leur la permission d'exister comme vous l'accordez à ceux des autres que vous écoutez. Jetez-vous à l'eau ! Ce sera pénible au début, mais vous verrez, cela deviendra de plus en plus aisé à accomplir. Dites oui à ce que vous désirez et non à ce qui est contraire à ce que vous croyez. Sans violence ni animosité, avec sérénité mais au contraire avec assurance. Gagnez en assurance, vous y gagnerez de vous apprécier davantage.

Commencez à exister aux yeux des autres et vous ferez une découverte : vous deviendrez présent dans leur regard. Votre sortie de l'œuf engendrera peut-être quelque hostilité. Répondez. Parlez et répondez. S'estimer davantage implique en effet de prendre conscience de ses possibilités comme de ses limites. Dans les situations de mésestime, vous niez vos potentialités et vous exagérez les domaines dans lesquels vous pensez être incompétent. Quel que soit le domaine, ayez toujours en tête que votre réussite est toujours possible. Pourquoi ne pas essayer ? Mais la mésestime a plus d'un tour dans son sac : un échec ne fait que la renforcer ou l'induire. Pensez plutôt : « l'essentiel, c'est de participer » que : « Just do it® » (Tu peux le faire).

Tentez des choses ! Ne restez pas passif. Expérimentez tous les domaines de la vie et mesurez-vous dans chacun d'eux. Ou plutôt, non. Ne vous mesurez pas, ni aux autres, ni à vous. Faites simplement pour le plaisir de faire, d'être actif. Ne mesurez pas l'intérêt de ce que vous faites à votre réussite. Elle n'est pas là ? Tant pis, elle peut venir. L'important est que ce que vous faites vous plaise, vous fasse du bien. La mésestime de soi est parfois enracinée dans une forme de fierté qui vous pousserait à refuser de ne pas être le meilleur. « Si je ne suis pas le meilleur ; donc, je suis nul. » Cette loi du tout ou rien, abrogez-la d'urgence ! C'est l'un des ressorts de l'échec scolaire. Alors n'en faites pas le principe de votre vie.

Cette loi est liberticide pour votre être. Dois-je avoir la voix de Maria Callas ou de Luciano Pavarotti pour avoir le droit de chanter dans une chorale ? Dois-je avoir le corps de Nijinski ou la grâce de Marie-Claude Pietragalla pour danser ? Dois-je avoir lu tous les philosophes pour dire ma conception de la mort ? Non, bien sûr. Retrouvez cette disposition de l'enfant à explorer naturellement les capacités de son corps, lui qui est guidé par ses envies et son plaisir. Ne cherchez pas à être la meilleure, le meilleur pour accepter d'être vous. Mais ouvrez toutes les fenêtres de votre âme pour y laisser entrer le souffle de vie, y compris les plus modestes lucarnes. C'est la somme de tous ces courants d'air qui vous porteront au plus haut de votre estime.

Souriez

Et surtout souriez ! Le comédien Jean-Claude Brialy constate dans son autobiographie que, lorsqu'on sourit à la vie, elle nous rend ces sourires[1]. C'est également vrai avec les personnes. À un sourire, on ne peut répondre que par un sourire. Le fait de sourire vous rend d'emblée plus amical et aimable. C'est vrai pour tout le monde. Le sourire plus que toute autre expression conduit l'interlocuteur à adopter la même attitude et se mettre à sourire. Cessez de raser les murs avec un air d'adolescente boudeuse. Cessez de jouer le « chevalier à la triste figure ».

Le sourire est contagieux, un peu comme le bâillement. On donnera plus volontiers une réponse à une personne qui nous questionne dans la rue si elle est souriante. En outre, une étude a montré qu'après avoir croisé une personne souriante, on se montrera plus aimable avec la suivante. Cela semble évident, mais cela a cependant été mesuré par des études américaines : on donne deux à trois fois plus de pourboires aux serveuses souriantes (quel que soit le niveau de leurs compétences) qu'à celles qui ne sourient pas. Un sourire est perçu par l'autre comme une promesse de bien-être.

Moins douloureuse que toute intervention chirurgicale esthétique, prenez l'habitude de sourire, cela changera l'apparence de votre visage et comblera vos rides de joie en les rendant plus radieuses. Trop de sourires sont-ils le signe de peu de cervelle, comme le claironne un vieux proverbe espagnol ? Eh bien, non ! Contrairement à une idée reçue, le fait de ne pas sourire ne donne pas l'air plus

---

1. Jean-Claude Brialy, *Le Ruisseau des singes*, Paris, Pocket, 2005.

intelligent. Si l'on montre à des gens des séries de photos de personnes souriantes ou non et qu'on leur demande de nous dire celles qui leur paraissent les plus intelligentes, les personnes souriantes sont davantage citées. Si vous êtes un homme, n'oubliez pas cette donnée élémentaire des relations amoureuses, confirmée par certaines études scientifiques : les femmes aiment rire. Et les hommes voient dans le rire d'une femme une promesse de désir[1]. Alors commencez par sourire !

Mais faut-il sourire même quand vous êtes triste ? Certainement, car le fait de sourire peut vous rendre plus joyeuse. En effet, le simple fait d'adopter certains comportements, certaines attitudes peuvent influencer vos émotions. Si on demande à un groupe d'individus de lire une bande dessinée et qu'on prie la moitié de lire en souriant tandis que l'autre doit froncer les sourcils, ceux qui ont souri pendant leur lecture déclarent l'avoir trouvée plus amusante.

Il existe une certaine réciprocité entre vos états affectifs et vos expressions. Les premiers engendrent les seconds, mais on a démontré récemment que le contraire est également vrai. Vos expressions engendrent ainsi vos états affectifs. N'attendez donc pas d'être heureux en amour pour sourire ; souriez plutôt afin de le devenir ! D'ailleurs, les sourires des visages tristes sont souvent les plus beaux. Certains de vos sourires ne peuvent malheureusement cacher la tristesse de votre cœur, mais ils affichent tout de même que vous possédez l'énergie pour retrouver l'allégresse. Donc, vous qui cherchez l'amour, souriez !

---

1. Robert Provine, *Le Rire, sa vie, son œuvre*, Paris, Robert Laffont, 2000.

Changez d'attitude avec les autres

Sortez de votre enfermement, allez voir ailleurs. C'est pourquoi il est fondamental de ne pas limiter son champ relationnel à son univers professionnel. Trouvez-vous des activités annexes, comme des activités associatives dans des domaines qui vous plaisent. C'est un des moyens les plus simples de rencontrer des personnes qui vous ressemblent et dans lesquelles vous vous reconnaîtrez ou grâce auxquelles vous apprendrez qui vous êtes.

Pour recouvrer l'estime de vous-même, n'hésitez pas à changer d'attitude vis-à-vis des autres. Ce sont les autres qui vous renvoient une image de vous-même directement liée au comportement qui est le vôtre à leur égard. Ils évaluent qui vous êtes en fonction de votre façon d'être avec eux. Plus vous exprimerez à autrui des sentiments positifs et des compliments, plus les autres s'autoriseront à vous dire l'estime dans laquelle ils vous tiennent en vous complimentant en retour. Prenez donc l'habitude de faire des compliments aux gens autour de vous. Repérez chez autrui ce qui vous semble positif et surtout dites-le-lui. Signalez également ce que vous appréciez chez l'autre par des modes de communications non verbales : sourires, poignée de main chaleureuse, hochement de tête. Les gens apprécient lorsqu'ils voient que nous les apprécions et que vous le montrez. Pour paraître plus intéressant à autrui, intéressez-vous d'abord à lui.

Ce changement d'attitude vous conduira à mieux accepter les autres, et par voie de conséquence à mieux vous accepter vous-même. À accepter la condition humaine, la vôtre et celle des autres. Voyez chez autrui ce qu'il y a de beau et de sain au milieu de la médiocrité. Et faites de même avec vous. Acceptez les limites de votre « moi », relativisez ce que vous pensez être les attentes des autres à votre égard, limitez certaines ambitions. Une fois que vous vous serez accepté tel que vous êtes, vous verrez, une force nouvelle naîtra en vous.

Développez votre potentiel

Pour développer votre estime de vous-même, croyez d'abord en vous, en vos capacités et en vos convictions. N'attendez pas pour agir d'avoir atteint vos objectifs. Lancez-vous dans l'action, osez : vous vous rendrez compte que vous êtes entièrement partie prenante dans votre vie. Vous influencerez également ceux qui vous entourent. Cette découverte vous donnera de la force, et vous aurez alors une image de vous plus positive, qui engendrera à son tour des projets et des objectifs nouveaux.

Humour et détachement vous permettront de dépasser vos malheurs, de relativiser vos échecs et vos manques. Méfiez-vous surtout du perfectionnisme[1]. Vouloir être parfait, désirer tout réussir, aspirer à toujours bien faire : autant d'insatisfactions, et donc de mésestime de soi.

Rejetez tous vos préjugés, tous vos *a priori* ; ils vous retiennent. Ne vous engagez pas seulement dans les domaines que vous connaissez sans explorer ce qui vous reste inconnu et qui vous permettrait sans doute de réussir, d'entreprendre et de vous épanouir. Élargissez vos hori-

---

1. Frédéric Fanget, *Oser. Thérapie de la confiance en soi*, Paris, Odile Jacob, 2003 ; *Toujours mieux ! Psychologie du perfectionnisme,* Paris, Odile Jacob, 2006.

zons. N'hésitez pas à enrichir votre culture. La lecture de magazines, de livres, le cinéma, le théâtre, Internet, les musées sont autant de sources culturelles d'accès facile. Développez vos différents talents. Votre municipalité propose sans doute différents ateliers (cuisine, art floral, cours de langue, initiation à un instrument). Pourquoi ne pas vous inscrire à l'un d'eux ? Cela peut vous sembler éloigné de la question qui nous occupe, un nouvel amour. Mais il importe avant tout de vous épanouir, de vous enrichir, de faire progresser votre estime de vous-même. Il ne s'agit pas d'aller visiter des expositions ou de vous initier aux bouquets japonais dans le but strict de rencontrer l'âme sœur. Dans cette perspective, si rien ne se passe, vous risquez surtout la désillusion. Il s'agit de vous ouvrir et, si vous vous estimez fade, sans intérêt, de vous enrichir, de donner de la substance à votre vie. Pour vous-même au premier chef.

Soignez aussi votre physique. Pour pouvoir vous estimer, il est indispensable de vous réconcilier avec votre aspect physique. La première image que vous donnez de vous, c'est votre apparence ; on sait, et vous aussi, combien la première impression importe avant d'instaurer quelque relation que ce soit. Faites donc tout pour qu'elle soit agréable, on vous remarquera d'autant, et l'on se souviendra mieux de vous.

Bougez, modifiez votre régime alimentaire, prenez en charge votre santé, consultez votre médecin, un kinésithérapeute, un dentiste. Si elle est partie, ce n'est pas seulement parce que vous avez du ventre ; s'il vous a quitté pour une jeunette, ce n'est pas seulement parce que vous n'avez plus la poitrine de vos 20 ans. Mais raison de plus pour reprendre les choses en main, pour ne pas vous laisser encore plus aller. Prenez soin de la façon dont vous vous coiffez, de votre visage (pourquoi ne pas transformer votre maquillage ?), rafraîchissez votre garde-robe ! Et pendant qu'on y est, changez un peu la décoration de votre intérieur (il n'est pas seulement trop marqué par tout ce que vous y avez vécu, il a aussi un peu vieilli).

Embellissez-vous, vous vous sentirez d'autant plus estimable. Ce n'est pas tant le résultat qui importe que le temps passé à prendre soin de vous-même, l'attention portée à la personne que vous êtes qui favorisent l'estime que vous vous portez à vous-même. Naturellement, n'en faites pas une obsession. Ne retombez pas dans le piège de l'apparence. Retirez les mauvaises herbes qui vous cachent, laissez-vous contempler, laissez apparaître la fleur que vous êtes et que vous avez si longtemps tenue secrète.

Enfin, laissez libre cours à votre créativité, à votre imagination. Cherchez sous quelle forme vous auriez le plus de plaisir à créer. Il existe tant d'horizons différents pour s'évader et avoir le plaisir d'inventer quelque chose qui vous est propre : vous pouvez par exemple déployer votre énergie dans l'écriture ou le dessin, le modelage, la peinture, la cuisine, la musique, le jardinage, pour ne citer que quelques exemples… Donnez-vous la liberté de faire et d'être sans que le regard ou le jugement d'autrui soit un obstacle à vos envies. Créez, vous vous transformerez. À chacun son domaine. Et qu'importe le talent que vous pensez avoir car « dans le domaine de la création, la pauvreté des moyens engendre la richesse du résultat[1] ».

Une faille s'est ouverte sous vos pieds. Vous pouvez reculer et vous accrocher aux branches des arbres situés derrière vous, mais vous pouvez aussi vous cramponner à

---

1. Philippe Geluck, *Télérama*.

celles des arbres situés de l'autre côté de la faille, qu'ainsi vous enjamberez plus facilement. Cette traversée périlleuse précédera les premiers pas que vous ferez en regardant droit devant vous, tourné résolument vers l'avenir. Avant de revivre, transformé et en paix avec vous-même, le petit je ne sais quoi qui vous fera oser prendre le risque, le plus beau des risques, celui d'oser à nouveau l'amour.

III

OUI, L'AMOUR PEUT DURER

CHAPITRE 7

Communiquer mieux

À force de t'avoir aimée pour ce que tu n'étais pas, j'ai appris à te chérir pour ce que tu es.
François MAURIAC

Après avoir fait une photographie de votre image dans un miroir et l'avoir retouchée pour rétablir ce qui a été défait en vous par vos précédentes ruptures, vous parvenez maintenant, grâce au déplacement du regard que nous vous proposons, grâce à ce mouvement d'anamorphose, à vous voir tel que vous êtes vraiment aujourd'hui. Place désormais au regard que vous portez sur les hommes ou sur les femmes. Examinez la diversité de vos attentes amoureuses, en particulier celles qui ont été déçues. Et si elles avaient été illusoires ? La réflexion à laquelle nous vous avons invité sur les origines de vos attentes vous aidera à les modifier pour concevoir des espoirs plus réalistes, plus adaptés à ce que vous êtes vraiment, sans oublier la nécessaire touche de poésie, car, en amour, il ne faut pas être que réaliste. Mais avant tout, que faire pour que les hommes ou les femmes recommencent à vous regarder ? Avant toute chose, c'est à vous de changer de regard sur les autres, de retrouver une aisance, une légèreté que vous croyez perdue, pour retrouver le plaisir d'être avec les autres, le plaisir de regarder l'autre approcher, de le regarder, avant de pouvoir à votre tour accrocher son regard.

Les hommes sont des êtres humains comme tout le monde (... et les femmes aussi)

Chassez de votre esprit vos idées reçues et cessez de juger d'emblée une personne uniquement sur son sexe… ou plutôt sur les généralités auxquelles vous avez peut-être, par commodité ou par amertume, pris l'habitude de croire sur « les hommes » et « les femmes ». L'attirance, l'envie de se connaître et de s'entendre repose sur beaucoup de proximité, de similitude, mais aussi sur un peu d'altérité, de différence. Afin de justifier un échec sentimental, on invoque souvent des divergences insolubles, un fossé infranchissable, irrémédiable. Ce n'est qu'un prétexte pour s'empêcher d'aller vers l'autre, au motif que l'autre ne serait pas « parfait », c'est-à-dire complètement différent.

Les hommes ont beaucoup d'idées préconçues sur les femmes, mais celles-ci ne sont pas en reste. Changez votre point de vue, et vous verrez que vous ferez la connaissance d'une personne à part entière, et non d'un membre d'une ethnie sauvage, d'un groupe de clones.

Que pensent les femmes des hommes ? Que croient les hommes sur les femmes ? Posez-vous la même question, et vous verrez que, comme quantité de gens, vous évoquez beaucoup plus de défauts que de qualités. La guerre des sexes est loin d'être achevée. Et le moins qu'on puisse dire c'est que ce climat hargneux et revanchard est peu propice à l'émergence de l'amour. Si vous avez des comptes à régler, c'est avec votre passé, avec vos amours passés. C'est nécessaire, c'est un passage obligé. Régler vos comptes avec l'autre sexe en général ne vous mènera nulle part.

Tous les mêmes, pensez-vous. Toutes pareilles, estimez-vous. En réalité, vous ne rencontrez pas ce que vous voulez, vous rencontrez seulement ce à quoi vous croyez, maintenant comme à l'avenir. Le reste, vous ne le voyez pas. Cela vous mène à toujours et toujours rencontrer le même type de personnes. Vous êtes persuadé qu'ils ou elles sont tous tels que vous les voyez, à tous les coups. Et naturellement, c'est vers ce type de personnes que vous vous tournez pour découvrir ce à quoi vous vous attendez. « Je le savais bien » : vous ne voulez pas vivre quelque chose de neuf ; vous voulez confirmer vos croyances.

> Suzie, par exemple, ne rencontre que des hommes qui se jouent d'elle. De grands séducteurs, de beaux parleurs, qui passent une ou deux nuits avec elle et ne donnent plus signe de vie ensuite. Et elle a chaque fois le sentiment de se faire « avoir ». Et pour elle, les hommes ne sont que des manipulateurs qui ne pensent qu'à « ça ». Pour Suzie, l'expérience ne paye pas : tout se passe comme si elle n'avait d'yeux que pour ce type d'hommes. Alors que cherche-t-elle ?

Jetez aux orties vos *a priori*, contemplez différemment les hommes qui vous entourent. Ne limitez pas à une seule les qualités de l'homme avec lequel vous désirez vous lier vraiment. La réussite professionnelle ou la beauté physique ne suffisent pas pour trouver un homme de valeur. C'est réducteur, méprisant. C'est instrumentaliser l'autre. Arrêtez de considérer les femmes comme des fétiches, en réduisant votre attachement à un aspect seulement de leur être qui viendrait résumer l'ensemble de ce qu'elles sont. « Moi, je veux une femme grande et blonde », « Moi, je veux quelqu'un qui a une bonne profession », « Moi, je veux quelqu'un qui soit gentil ». Tous risquent d'être déçus par ce qui accompagnera la qualité réclamée et survalorisée. La réussite professionnelle ne fait pas d'un homme un compagnon idéal. *Idem* pour la beauté physique. Les Casanova ne sont pas les meilleurs maris. Mais surtout, une personne réelle, ce n'est pas une « fiche technique », une liste de caractéristiques, de spécifications. Et cherchant quelqu'un avec qui vivre une histoire, ce n'est pas le catalogue de vente par correspondance que vous feuilletez. Une personne réelle est un ensemble mouvant et complexe, singulier. C'est cet ensemble qui doit vous attirer (ou vous repousser), et non telle ou telle qualité que vos attentes vous font privilégier tout en vous faisant occulter le reste de la personne.

Dès l'école primaire, les avis des enfants sur l'autre sexe sont majoritairement des reproches ; les préjugés débutent donc très tôt. Les garçons trouvent que les filles pleurent tout le temps, ne veulent jamais jouer, sont rapporteuses, font exprès d'avoir mal pour que les garçons se fassent disputer. Les filles de 6 à 11 ans, de leur côté, estiment que les garçons ne font que se bagarrer, leur chiper leurs affaires. Ils se croient les plus forts, ils sont « bêtes », disent des gros mots, crachent, désobéissent à la maîtresse, ne sont pas sages, n'aiment que le foot ou les cartes Pokémon® ou Yu Ji Yo®.

Et pourtant, avant cet âge, à l'école maternelle, filles et garçons jouent bien ensemble et s'embrassent volontiers. Que se passe-t-il donc après 6 ans ? C'est la période de « latence ». Les enfants mettent tous leurs désirs entre parenthèses ; leur énergie se tourne alors vers les apprentissages. Chaque groupe sexué maintient à distance l'autre afin de grandir et d'apprendre sereinement à l'abri des tourments du désir. À ce moment de l'existence, la force qu'ont les enfants pour apprendre atteint son maximum, et ce dans tous les domaines. La puberté réveille les désirs sexuels, les filles et les garçons se retrouvent.

Arrivés à l'âge adulte, le temps des premières amours passé, les femmes et les hommes sont nombreux à être déçus. Ils retrouvent l'état d'esprit qui était le leur quand ils étaient en primaire : « On ne peut pas compter sur les hommes, ils sont immatures, agressifs, grossiers, machos, égoïstes, infidèles, lâches, ils ne pensent qu'au sexe ; ils n'écoutent pas, on ne peut pas parler avec eux » ; « Les femmes sont chiantes, toujours à se plaindre, à faire des histoires, jamais contentes, et elles ne s'intéressent à rien, à rien d'autre qu'à elles ». Et pourtant, rappelez-vous qu'il y a beaucoup plus de points communs que de différences entre les hommes et les femmes. Et qu'il n'existe pas plus de différences entre un homme et une femme, pris au hasard, qu'entre deux hommes ou deux femmes !

Pour en finir avec les attentes illusoires et les exigences impossibles

Dès la petite enfance, quand vous comprenez que le roi et la reine – autrement dit vos parents – ne vous sont pas prédestinés, vous rêvez au prince charmant destiné à la princesse que vous vous imaginez être. Ce prince sort tout droit des contes de fées, puis les héros de fiction, les chanteurs, les gens célèbres viennent le remplacer. Les traits qui caractérisent ce prince ressemblent à ceux d'un garçon qui a occupé votre cœur juvénile… et qui n'en a jamais rien su. Naturellement, ce prince de votre enfance a perdu cette allure si vous le recroisez par hasard quinze ans plus tard, et vous vous dites que le temps est décidément bien cruel avec vos souvenirs. Cet amoureux idéal, forcément parfait, n'est pas toujours un allié. Il vous permet de garder espoir et occupe votre vie imaginaire. Il sera un rival de taille pour celui qui voudrait devenir l'homme de votre vie. Paré de toutes les qualités, aucun homme de la « vraie vie » ne peut lui arriver à la taille. Le prince charmant est celui qui comblera toutes vos attentes, tous vos désirs. Parce qu'il n'est pas là ?

Comment les femmes voient-elles l'homme idéal ? Voici leurs réponses ; elles permettent de dessiner le portrait-robot suivant : fort mais doux ; ayant du caractère tout en étant sensible ; sérieux mais drôle ; posé mais avec un brin de folie ; ayant un métier valorisant, une bonne situation mais disponible pour vous ; fidèle mais curieux ; aimant voyager, sortir, mais en votre compagnie ; cultivé mais humble, intelligent mais discret ; ayant du caractère mais restant compréhensif ; sachant écouter et parler ;

sportif sans être amoureux de son corps ; courageux mais pas insensé, aventurier mais bon père de famille, indépendant mais protecteur, ni trop collant ni trop distant, à la libido ferme mais tendre.

Difficile, voire impossible pour un seul homme, vous ne trouvez pas ? Et pourtant, qu'en dites-vous ? En étant honnête avec vous-même, n'est-ce pas exactement ce que vous attendez vous aussi d'un homme ? Comme celui que vous avez rencontré à une soirée, dernièrement. Il ressemblait tellement au prince charmant, avec tous ses mérites, ses vertus, ses qualités. Une fois que la réalité a repris le dessus, finies vos illusions, vos rêveries amoureuses, le charme s'est rompu. Encore un qui n'était pas le bon, comme le vivent sans cesse celles et ceux qui multiplient les partenaires sans quitter des yeux cet être virtuel qui comblerait toutes leurs attentes, tandis que d'autres attendent, attendent. Et sans le savoir, certaines femmes font la Belle au Bois dormant, au point de s'endormir parfois complètement.

Mais les hommes ne sont pas en reste. Que cherchez-vous ? De quelle femme rêvez-vous ? Il faut qu'elle soit belle, ça, c'est clair ; sexy, élégante (mais que ça ne vous ruine pas non plus) ; gaie et vive (mais pas trop, et pas quand vous avez envie de rester tranquille) ; que les hommes la regardent (la regardent seulement) ; qu'elle ait de l'esprit et de la conversation, sans vous faire d'ombre ; qu'elle soit indépendante et pas trop collante, mais pas non plus toujours absente, débordée : bref, disponible (pour ce que vous voulez quand vous le voulez) ; attentive mais pas trop fixée sur vous ; énergique et douce ; qu'elle ne vous encombre pas trop avec ses amis, sa famille et vous laisse faire ce que vous voulez avec les vôtres ; qu'elle s'occupe bien des enfants mais n'en fasse pas une obsession non plus ; qu'elle aime faire l'amour (mais bien sûr pas quand vous avez beaucoup de travail ou qu'il y a du foot à la télé).

Difficile, voire impossible pour une seule femme, vous ne trouvez pas ?

Votre attention ne se porte que sur quelqu'un qui vous semble sans le moindre défaut, la perfection incarnée ? Ce ne sont pas tant des qualités particulières qui vous attirent que la présence de défauts qui vous rebutent. Dès que vous en découvrez un, vous renoncez vite alors à poursuivre la relation. Le moule doit être respecté dans ses moindres détails. Un peu comme si votre œil percevait d'emblée le mouton ou la petite tache sur la moquette dans un appartement pourtant très propre. Et peut-être deviendra-t-il impossible de trouver quelqu'un d'autre à l'avenir qui vous conviendra davantage. Et si un peu de réalisme venait pimenter vos attentes ? Retrouver toutes les qualités qui font votre idéal est bien difficile pour vous qui vous montrez si exigeant. Nombreux sont d'ailleurs ceux qui compensent la faiblesse de leur estime d'eux-mêmes par ce qu'ils attendent d'une relation amoureuse. « Ses imperfections me rappelleraient trop les miennes. Si mon homme est le meilleur qui soit, c'est que je suis une femme parfaite. Qui s'assemble se ressemble… »

Vous méritez mieux, soyez vous-même, retrouvez votre naturel : vous trouverez d'autant plus aisément la personne dont le naturel vous plaira, qui vous séduira pour ce qu'elle est et non pour ce que vous avez projeté à l'aveuglette sur un écran manquant de lumière, non pour le rôle que vous voulez lui faire jouer. Sinon, vous aurez toujours le sentiment d'être déçu, trompé. Les autres ne sont pas des acteurs choisis après un casting pour jouer un scénario que vous avez écrit.

Que faire des contes de fées ? Les jeter au feu ? Non, bien sûr. Encore faut-il bien les lire. Pour être digne du prince, conduisez-vous en princesse ! Faites-vous l'effort de l'être alors que c'est possible ? Impossible que votre prince se donne à vous si vous vous montrez froide, distante, méfiante voire revêche, agressive ou ironique. Reconnaissez vos erreurs. Les hommes, depuis qu'ils existent, aiment la douceur, la tendresse, la gentillesse, la disponibilité et la grandeur d'âme. Les autres, et ils existent, seront incapables de vous les donner en retour, et ce à cause de l'éducation pervertie qu'ils ont reçue.

Une autre condition pour que les futures princesses rencontrent leur prince : couper les ponts avec leurs parents. Comme Blanche-Neige qui fuit son père et sa marâtre en traversant la forêt, comme la Belle au Bois dormant qui fuit dans le sommeil, comme Peau d'Âne, comme la Belle destinée à la Bête ou Cendrillon qui quittent leur foyer. Les liens affectifs qui nous enchaînent à nos parents durant l'enfance peuvent empêcher de donner vraiment corps et âme à une histoire d'amour. Face au roi ou à la reine de l'enfance, aucun prince ne fera le poids !

> C'est le cas d'Amélie qui a voué une passion pour son père durant toute son enfance. Passion réciproque puisque son père se reconnaissait en elle. Amélie a grandi persuadée que son père, ce héros, la préférait non seulement à ses autres sœurs et frères, mais aussi à sa propre mère avec laquelle d'ailleurs elle ne s'entend guère, la considérant avec un peu de mépris.

Pour d'autres, c'est une relation de dépendance avec leur mère qui s'est prolongée au-delà de l'adolescence qui a bloqué leur émancipation affective.

> « Après le départ de mon père quand j'avais 2 ans », nous dit Matthieu, j'ai vécu avec ma mère. Je ne pouvais pas dormir sans elle jusqu'à 10 ans. Elle ne s'est

jamais remise en ménage car elle craignait de me perturber. On n'a jamais eu de secrets l'un pour l'autre. Aujourd'hui encore, je reste très proche. »

Comblé amoureusement par la reine de leur enfance, habituée à vivre sans roi en occupant sa place, vous n'avez que faire d'une princesse. Ainsi aurez-vous grand-peine à la trouver. C'est un enfant que vous attendez, un prince ou une princesse que l'on confiera à Maman pour qu'elle l'élève.

Vous ne vous aimez qu'en jouant le rôle de la maîtresse ? Vous ne vous intéressez qu'aux hommes mariés ? Sortez des rôles figés et des relations prédéfinies. Vous voulez un roi tout fait et ne désirez pas faire d'un prince un roi. Doutez-vous peut-être d'en être capable ? À moins que vous ne doutiez des hommes tout court, comme Sarah.

« Quand j'étais avec cet homme marié, je ne craignais plus d'être trompée puisque c'était moi la maîtresse ; celle qui était trompée, c'était forcément l'autre. Moi, je savais donc qu'on ne me "trompait" pas. Jusqu'à ce que je réalise que nous l'étions toutes les deux. »

Quel plaisir pour vous de vivre dans la transgression, quel plaisir à prendre la femme ou le mari de quelqu'un d'autre ! Vous avez le pouvoir d'une reine ou d'un roi, croyez-vous. En fait, vous n'avez pas vraiment fait d'effort pour le devenir. Ni pour assumer le poids de la fonction.

Il arrive également que vous recherchiez avant tout une relation triangulaire : « le roi, la reine et vous ». Le triangle vous donne la place du bébé entre ces parents de substitution, place qui n'est autre que celle du petit qui se complaisait à se savoir préféré par son père à sa mère ou l'inverse. Ce n'est pas ainsi que vous grandirez.

Vous n'aimez que les hommes riches ? Si vous ne jaugez les hommes qu'en regardant d'abord leur bourse, à la couleur de leur yacht ou de leur Ferrari, à la marque de leur montre ou de leurs chaussures (ou plus modestement aux cadeaux qu'ils vous font tout de suite ou aux restaurants où ils vous invitent), faites vite tomber les masques ; la valeur d'un homme ne se mesure pas à l'aune de son porte-monnaie. Vous avez peut-être eu un père qui plaçait toute sa valeur dans son argent et une mère qui lui donnait ce sentiment. La relation de vos parents était intéressée, une façon de renoncer à l'amour pour un confort matériel. Après tout, pourquoi pas ? Soyez néanmoins bien consciente que l'homme de votre vie, que vous cherchez partout, ne sera qu'un protecteur. En vous liant à un homme pour son argent, en réalité vous ne faites que vous vendre. Le contraire est aussi vrai : un homme qui ne pense qu'à l'argent risque de vous considérer comme une valeur marchande. Vous seriez donc monnayable ? N'oubliez pas l'essentiel, l'amour, et vous avez un point commun fondamental : vous n'avez pas de prix.

Plongé dans le sommeil, vous ne vivez l'amour que les yeux fermés. Pour vous aider à attendre et vivre ensuite une rencontre amoureuse, vous l'anticipez. Vos rêves renferment vos aspirations profondes. Mais les rêves ne sont pas tout ! Une vraie rencontre amoureuse se fait dans le réel ! Sortez de vos rêveries ! Ne plaquez pas un scénario écrit à l'avance dans vos rêves sur une histoire qui débute. Ne vous faites pas non plus d'illusions : ce n'est pas parce que quelqu'un s'intéresse à vous qu'il est forcément amoureux. Vous attendez que le scénario de l'histoire dont vous seriez à la fois le héros et l'unique spectateur se déroule tout seul ? Vous avez plus de chemin à faire que vous ne croyez. Aucune liaison amoureuse ne verra le jour si vous n'en êtes pas l'architecte. Si vous ne faites rien, patatras ! Il ou elle ira frapper à une autre porte. Ou bien il ou elle se cassera le nez contre votre porte verrouillée… par vous, car il n'est pas l'acteur que vous attendiez, car vous venez de comprendre qu'il ne sait pas son rôle par cœur, qu'il ne respecte pas à la lettre le scénario de vos rêves : vous combler sans rien attendre en retour de votre part. Et vous vous en voudrez d'avoir encore une fois mal distribué le rôle ; et l'autre finira par se détourner.

Alors, fini les attentes illusoires, les idéaux impossibles à atteindre, les scénarios et les rêves qui peuplent votre vide affectif mais vous empêchent de vous ouvrir aux autres, à la complexité et à la richesse des êtres. Au lieu de faire subir aux nouveaux partenaires qui se profilent d'implacables tests qu'ils ne réussiront jamais à passer tant vos exigences sont nombreuses, précises, figées et élevées, intéressez-vous à eux, portez votre attention sur d'autres aspects qui ne figurent pas dans votre petite *check-list* de la femme ou de l'homme idéal. Et relativisez vos idéaux, restreignez votre exigence d'absolu. Il n'aime pas le théâtre ? Et alors ? Allez-y avec une copine. Elle veut sans cesse partir en week-end à la campagne et vous n'aimez rien tant que rester chez vous à lire ? Trouvez un terrain d'entente. L'essentiel est de ne pas céder sur ce qui compte vraiment, la complicité affective (et physique), le respect mutuel, l'attention. Pour le reste, tous les arrangements sont possibles. N'est-il pas un peu ridicule, au début d'une relation, d'accorder autant d'importance que nous le faisons souvent à de simples détails, tout simplement parce que nous avons peur de faire le mauvais choix ? Certains détails (qui n'en sont pas toujours, finalement…) peuvent évidemment peser lourd au fil du temps et miner la relation. Attention, donc. Mais ne gâchez pas tout, n'hypothéquez pas un avenir possible pour un petit point noir qui peut souvent se corriger.

Les premiers pas pour s'entendre

Attention aux malentendus, aux quiproquos, aux comportements et aux propos qui peuvent être mal interprétés. Lors d'une première rencontre, nous essayons de deviner les codes pour faire connaissance. Les codes amoureux sont pleins de subtilité et varient d'un pays à un autre. Margaret Mead et Ray Birdwistell relataient les malentendus entre les Anglais et les Américains après la guerre : lorsque les GI's draguaient les jeunes Anglaises, elles avaient le sentiment qu'ils se conduisaient comme des goujats ; eux pensaient que c'étaient des filles faciles. C'est l'interprétation du baiser sur la bouche qui a entraîné ces malentendus : en Angleterre, le baiser est accordé après un temps d'échange et d'intimité et est un prélude à l'acte sexuel. Aux États-Unis, il se donne plus facilement, sans pour autant symboliser un engagement profond et n'entraîne pas pour autant des relations sexuelles.

On connaît le classique baiser russe sur la bouche qui peut se faire aussi bien entre hommes qu'entre femmes sans pour autant signifier que les protagonistes sont homosexuels. Les préliminaires amoureux en France sont différents de ceux des pays d'Amérique latine : les Français ne ferons pas l'amour avant d'avoir longuement parlé… Au Brésil en revanche ou au Mexique, c'est le langage corporel qui prévaut.

> Géraldine rencontra un jour un charmant monsieur dans un café. Ils firent connaissance et se revirent quelques jours après dans le même café. Géraldine lui proposa de dîner chez elle la semaine suivante. Elle mit les petits plats dans les grands, alluma de jolies bougies d'intérieur. Elle s'étonna ensuite que le monsieur lui fasse des avances. Elle n'avait pas compris qu'inviter un homme chez soi en tête à tête et pour un dîner aux chandelles pouvait signifier qu'elle était prête à aller plus loin. De la même façon, aller prendre un verre chez un homme le soir peut être considéré comme accepter une invitation amoureuse.

La façon dont on se comporte, les vêtements, les manières sont autant de messages qu'on analyse lorsqu'on se rencontre. Respecter les codes vestimentaires de votre entourage est important. Les femmes ont des possibilités infinies de s'habiller, plus variées que les hommes. Savoir si une soirée est habillée, branchée, en robe de cocktail, en robe longue n'est pas évident. On se souvient de la polémique autour du voile à l'école. Cacher son corps et son visage efface les tentations sexuelles. Les femmes musulmanes religieuses ne se découvrent ainsi que devant leurs époux. Le contexte doit donc être précieusement analysé pour être cohérent avec son entourage.

Le respect des traditions varie selon le contexte. Une de nos patientes, invitée par son bureau au Japon, crut bien faire de s'habiller en kimono pour une soirée officielle. Tous les autochtones portaient des habits européens. De même, aucune femme ne vivrait bien le fait d'arriver à une soirée et de trouver une autre invitée portant exactement la même tenue. Jamais de tels problèmes pour les hommes qui peuvent parfaitement porter la même tenue.

Les films réalisés par Jay Roach, *Mon beau-père et moi* (2000) suivi de *Mes parents, mon beau-père et moi* (2004), montrent, avec beaucoup d'humour, à quel point les codes sont différents d'une famille à l'autre, et ce principalement lorsque l'on est plein de bonnes intentions puisqu'il s'agit d'une rencontre préliminaire à un mariage. Greg Focker, modeste infirmier, nous fait découvrir l'univers de sa future belle-famille, puis, dans le film suivant, les deux familles des fiancés se rencontrent au cours d'un week-end inoubliable. Le spectateur est témoin des multiples gags entre la famille chrétienne rigide (dans laquelle Robert De Niro joue le rôle du père) et la famille juive baba-cool (interprétée par Barbara Streisand et Dustin Hoffman). Même si l'humour est un peu excessif, la succession des oppositions entre les façons d'être des deux familles ne peut que conduire le spectateur à rire. Ces films montrent bien ce que les parents transmettent aux enfants, en particulier leurs valeurs qu'ils souhaitent leur inculquer.

Lors d'une première rencontre, vos sens sont en éveil et votre regard tente de tout analyser pour vous former une opinion rapide de la personne qui se trouve en face de vous. Mais c'est justement cela qui vous induit souvent en erreur ou vous conduit à répéter les mêmes choix. Prenez du temps pour faire connaissance. L'habit ne fait pas toujours le moine. Ce premier examen de passage peut vous empêcher de donner une deuxième chance à la personne que vous venez de rencontrer. Votre jugement vous a souvent montré que vous pouviez vous tromper. Le physique et la façon de se comporter vous offre une image, une photo à un instant précis. De même, les timides seront défavorisés au premier abord tout comme ceux qui réagissent en affichant une pseudo-assurance.

Lors d'un dîner, on peut se mettre en valeur ou être effacé, boire plus que d'habitude pour se donner bonne contenance, décrocher de la conversation ou trop monopoliser la parole. Ces attitudes sont liées à l'ambiance du groupe, à l'état de fatigue du jour. Si ce soir-là, on vous présente celui que l'on considère comme la personne idéale, il faut assurer. Et lorsque nous nous sentons observés et même jaugés, notre attitude se transforme, pas toujours dans le bon sens.

Un de nos collègues cherchait absolument l'âme sœur et nous faisait régulièrement profiter de ses premières impressions. Tous ses amis lui présentaient des femmes entre 30 et 40 ans et les rendez-vous ne manquaient pas. Une fois, il fut effrayé par le côté familier d'une candidate qui essayait dès le début du repas de le faire rire, de tout savoir sur lui. La deuxième fois, il s'agissait d'une « gravure de mode » : elle était impeccable des ongles au foulard assorti aux chaussures, brushing réussi, mèches subtiles, froide au demeurant. La troisième fois, le laisser-aller apparent de la dame lui paraissait témoigner d'une hygiène douteuse. Toutes ces candidates féminines étaient d'un bon niveau social, travaillaient et étaient considérées comme intelligentes et sympathiques par leurs proches. La quatrième parut la bonne. Ils sympathisèrent et après un bon dîner discutèrent durant trois heures. Elle était sympathique, mince (c'était très important !), pas très jolie, mais avenante. Pourtant, au deuxième rendez-vous, elle effaça le charme du premier rendez-vous. Elle était accompagnée par une amie, assez vulgaire, qui monopolisa la parole pendant tout le repas et empêcha toute intimité. Il regarda alors différemment celle qui lui était sympathique et lui trouva tous les défauts de la terre. Son amie avait déteint sur elle et il ne se sentait plus attirant puisqu'elle n'était pas venue seule. En réalité, on peut imaginer qu'elle voulait l'avis de sa copine sur le monsieur en question. Après de nombreuses discussions, il accepta de réfléchir aux détails sur lesquels il s'était focalisé lors des premières rencontres.

Nous savons aujourd'hui combien la communication fait appel à de nombreux processus. Les travaux de psychologie, d'éthologie, de linguistique, d'anthropologie ont montré que les gestes, les mimiques, les intonations, les postures sont tout aussi importants que le contenu des messages que nous envoyons. Les processus inconscients y participent grandement. Vos gestes sont ainsi calqués sur les autres : si la personne qui est assise en face de vous croise les jambes, il y a toutes les chances que vous l'imitiez sans vous en rendre compte. Les bâillements sont des mimiques contagieuses comme d'autres expressions.

Le temps n'est pas le même d'une culture à une autre. Dans certains pays, un retard de cinq minutes ne signifie rien ; parfois même, une demi-heure est acceptable ailleurs. Dans d'autres cas, les secondes jouent, et si on n'est pas en avance, on est en retard ! Une invitation écrite peut prêter à plusieurs interprétations, donc à confusion : arriver pile à l'heure pour un cocktail informel peut signifier : « il a faim » ou « il a une autre soirée après ». S'il s'agit d'une remise de médaille, les discours ont lieu au début de la soirée, il convient d'y assister. Être à l'heure montre son respect et son intérêt. En revanche, être légèrement en retard de quelques minutes pour un dîner permet à la maîtresse de maison d'avoir le temps d'arranger le dernier détail.

L'espace interpersonnel est aussi un aspect de la communication : dans certaines cultures, on se tient très proches, on se touche, alors que, dans d'autres, on reste à une distance « de sécurité » par rapport aux autres. Un interlocuteur trop proche pourra créer chez vous une sensation de gêne ou au contraire vous conquérir par cette proximité. L'ambiance du métro aux heures de pointe en est un bon exemple : nous nous trouvons gênés de toucher ou d'être touchés par des inconnus avec lesquels nous ne souhaitons pas partager de proximité. Les mêmes peut-être avec lesquels nous sommes contents de partager l'intimité d'un concert surpeuplé !

Les différentes danses nous renseignent sur la culture du pays et sur les limites à accepter ou à ne pas dépasser. Ceux qui ont dansé le zouc aux Antilles se souviennent certainement du caractère sexuel de cette danse : on est littéralement collé à son partenaire dans des mouvements synchrones du bassin. Nous ne connaissons pas de danse plus intime ! L'époque des slows langoureux a laissé place à de nombreuses danses où l'on ne se touche pas dont la techno est la dernière-née, mais la parade de séduction est évidente dans les mouvements actifs du corps. Le regain du tango et des danses dites de salon ne serait-il pas synonyme d'une nostalgie d'un cadre codifié où l'expression corporelle et le rapprochement coexistent ? C'est aussi un lieu d'apprentissage ; il aide à se débarrasser du malaise que l'on éprouve lorsqu'on rencontre quelqu'un lors d'une soirée et qu'on ne sait pas du tout danser…

Sachez exprimer vos émotions

Combien de malentendus quotidiens liés à nos différentes manières de nous exprimer ! Combien d'insatisfactions vécues par des femmes notamment qui attendent des mots d'amour, des gestes de tendresse, des attentions au quotidien.

Votre insatisfaction peut être exagérée, lorsque le bouquet de fleurs est fait de roses rouges si vous n'aimez que les jaunes ou lorsque le téléphone n'a sonné que le lendemain du retour. Le temps n'est parfois pas vécu de la même façon par les hommes et par les femmes. Même s'il reste une donnée objective, le temps est avant tout subjectif pour les êtres humains. Des secondes sont vécues comme un siècle, par exemple lorsque nous souffrons. Attendre déclenche des émotions variables : l'attente d'un diagnostic médical peut être la source d'angoisses très violentes, celle d'amis pour dîner est paisible. La manière avec laquelle vous réagirez à un message dépend de bien de paramètres : le contexte, l'importance de la nouvelle.

Dans tous ces cas, le comportement des hommes et des femmes n'est souvent pas le même. En général, les hommes prennent facilement leur temps pour répondre, s'ils ont d'autres priorités, professionnelles par exemple et s'ils sont éduqués de manière à retenir leurs émotions. Les réactions des femmes semblent plus soudaines, le travail vient après. Le tout est de le savoir[1]. La parole reste fondamentale, et l'on ne sait pas toujours décrypter les signes

---

1. Voir en particulier Deborah Tannen, *Décidément, tu ne me comprends pas*, Paris, Robert Laffont, 1993.

de communication qui ne s'expriment pas par les mots, mais permettent aussi l'échange. Le film de Woody Allen *Accords et désaccords*, réalisé en 1999, raconte l'histoire d'un musicien et de sa compagne muette. Voilà un excellent exemple d'autres modes possibles pour communiquer malgré les obstacles et de l'importance de la relation non verbale dans le lien conjugal. Deux anecdotes illustreront ces difficultés de communication.

> Sylvain sentait que sa femme était de plus en plus distante, mais lui faisait de nombreux reproches (tu rentres tard, tu ne parles pas, tu ne m'aides pas). Aussi avait-il décidé de faire le grand jeu pour le réveillon du Nouvel An. Il avait cassé sa tirelire pour réserver un spectacle et un bon restaurant pour dîner après. Mais le lendemain, sa femme se montra encore plus fermée que d'habitude. Pourtant, ils avaient passé une excellente soirée. Oui, mais voilà, pour elle, ils n'avaient pas parlé.

> Pour Thierry, ce fut presque la même histoire. Alors qu'ils devaient partir en vacances en voiture, son amie, pour leur premier soir de libre, avait réservé un hôtel romantique sur la Côte d'Azur. Mais ils eurent des embouteillages et ils arrivèrent en journée. Thierry, qui avait conduit tout du long, prit un peu de vin pour se détendre et s'écroula de fatigue dans la chambre sans prêter attention à son amie qui avait rêvé mille fois de cette soirée romantique.

Depuis une vingtaine d'années, les travaux se multiplient pour éclairer des différences entre les hommes et les femmes qui conduisent à de multiples malentendus. Ils n'ont pas les mêmes manières d'exprimer leurs émotions. Patrick Lemoine s'est penché sur le sujet[1]. Il explique pourquoi les femmes pleurent plus que les hommes. Si la biologie éclaire ces différences, les larmes des hommes peuvent émouvoir à petites doses, mais la période des larmes viriles est tout de même passée depuis le romantisme du XIXe siècle. Les femmes pleurent davantage, et surtout plus longtemps. On sait également que la testostérone, hormone masculine par excellence, inhibe les pleurs. Mais l'éducation différenciée des garçons et des filles expliquent beaucoup de ses différences (*cf.* S. Clerget, *Nos enfants ont aussi un sexe. Comment devient-on fille ou garçon ?*, Robert Laffont, 2001, Pocket, 2004).

Vos qualités et les siennes diffèrent du tout au tout. Bien souvent, on remarque ainsi que, par exemple, « les femmes ne savent pas lire les cartes routières ». C'est ce que soulignent Allan et Barbara Pease, auteurs de plusieurs best-sellers sur les différences entre les hommes et les femmes[2]. John Gray, quant à lui, déclinant l'idée que « les hommes viennent de Mars et les femmes de Vénus », éclaire par de nombreux exemples ces différences dans le domaine de la communication[3]. Cette vision métaphorique a connu un succès phénoménal et les multiples exemples concrets qu'il décrit ont permis à une multitude de couples de comprendre comment le langage peut être la source de nombreux malentendus. Les hommes et les femmes traduisent facilement certaines demandes mal formulées en reproches ou en ordres. Le ton employé par l'un ou l'autre

---

1. Patrick Lemoine, *Le Sexe des larmes*, Paris, Robert Laffont, 2002.
2. Allan et Barbara Pease, *Pourquoi les hommes n'écoutent jamais rien et les femmes ne savent pas lire les cartes routières* ; *Égaux mais différents* ; *Pourquoi les hommes mentent et les femmes pleurent*, Paris, First Éditions.
3. John Gray, *Les hommes viennent de Mars et les femmes de Vénus*, Paris, Robert Laffont, 1999.

renforce bien évidemment la sensation que l'on exige quelque chose, alors que ce n'est pas du tout le cas.

La plupart des femmes aiment raconter et parlent plus que les hommes. Cela change d'une culture à une autre, d'une éducation à une autre. Aussi, l'écoute et la disponibilité sont insuffisantes, mais l'expression langagière aussi. Nombreuses sont les femmes qui se plaignent et font le reproche suivant : « Il ne parle pas. » Elles sont frustrées, le mode de communication qui est le leur leur manque, alors que les hommes préfèrent raconter « l'essentiel », partager des moments, différer le récit.

> « J'apprends parfois avec des semaines de retard que mon mari a déjeuné dans ce restaurant avec un ami. Si je lui demande pourquoi il ne me l'a pas raconté, il répond que ce n'était pas très important, qu'il a oublié. »

Les modalités d'échange sont différentes et les femmes sont avant tout des « bavardes ». En fait, « le partage des secrets est non seulement une preuve d'amitié, mais un élément créateur d'amitié lorsque la personne à qui l'on se confie réagit de la manière attendue », explique la linguiste Deborah Tannen[1]. Elle ajoute : « Tenir les amies au courant des événements de sa propre vie n'est pas uniquement un privilège ; pour de nombreuses femmes, c'est un devoir. » Cela est remarquablement montré par la série américaine *Sex in the City*, où quatre amies, à New York, relatent les faits quotidiens de leur existence. Ou encore, de façon plus pittoresque dans *Desperate Housewives*. Les amitiés féminines s'illustrent brillamment par les liens que

1. Deborah Tannen, *op. cit.*

les femmes tissent entre elles, leur proximité affective, leur solidarité. Les femmes aussi coupent plus la parole ; c'est leur signe pour montrer qu'elles participent à la conversation. La culture prend le relais de telles impressions : les Américains coupent plus la parole que les Finnois, champions des grands silences, souligne encore Deborah Tannen. Dès les années 1960, Paul Watzlawick expliquait qu'« on ne peut pas ne pas communiquer ». Si vous êtes assis dans un avion, si vous engagez la conversation avec votre voisin et qu'il ne répond pas, ce silence a valeur de : « Je ne veux pas vous parler. » S'il détourne les yeux, il renforce ce « non » silencieux.

Selon les individus, selon la culture, selon les sexes, l'intimité se dévoile différemment. Dans de nombreux pays, on ne pose aucune question personnelle. Dans d'autres, une question directe – « Avez-vous des enfants ? » – ouvre souvent la conversation. S'intéresser à la vie personnelle et affective de leur entourage est plus aisé pour les femmes. Si deux femmes se retrouvent pour un déjeuner professionnel, elles parleront plus rapidement de leur vie familiale, de leurs enfants que deux collègues masculins qui peuvent travailler ensemble pendant des années sans rien savoir de leur vie familiale respective.

À certains la réserve, héritage de leur éducation ou de leur tempérament. À d'autres la timidité, voire l'inhibition, qu'on interprète souvent comme un refus de se livrer. Le mutisme qui s'ensuit engendre parfois un flot de paroles venant de l'autre interlocuteur, qui ne supporte pas une seconde de silence. Ne rien dire est le meilleur moyen pour devenir un excellent confident. Que demander de plus ? Si vous faites partie de ces derniers, vous serez au courant de tous les potins, de tous les mystères, de tous les secrets !

Les gens bien ne sont pas tous pris

Défauts de communication, mauvaises appréciations de ce qui est important pour l'autre et du sens de ce qu'il fait : c'est tout cela qu'il vous faut éviter, en particulier en tenant mieux compte des différences dans les attentes et les manières d'être des hommes et des femmes. Au lieu de voir les autres comme vous voudriez qu'ils soient (pour vous empresser aussitôt de déplorer qu'ils ne se plient pas à votre injonction), ouvrez vos yeux, regardez autour de vous, observez. Prenez par exemple le temps d'observer dans un parking les attitudes des hommes et des femmes qui montent dans leur voiture. Dans la plupart des cas, les hommes prennent leur temps : ils enlèvent leur manteau, s'installent tranquillement pendant que les femmes montent tout de suite et démarrent très vite… pour aussitôt piler parce qu'elles se sentent engoncées dans leurs vêtements. De même, la plupart des mères de jeunes enfants se précipitent pour embrasser leur progéniture dès leur retour à la maison. Les pères, eux, prendront le temps d'accrocher leur manteau, de se déchausser et pourquoi pas de se servir un verre. À chacun sa façon de faire.

Réfléchissez bien : quelles qualités vous attirent chez les hommes ou chez les femmes ? Apprenez à mieux les voir, car il est rare que parmi tous ceux que vous pouvez croiser, personne ne les possède. Ne vous laissez pas aveugler par les défauts, oubliez-les pour un temps. Vos yeux découvriront bientôt les qualités et vous accepterez bien plus facilement les défauts de ceux qui dès lors commenceront à vous plaire.

Pour juger quelqu'un, prenez votre temps. Il ou elle met en avant des qualités qu'il ou elle n'a pas afin de vous séduire. Mais ne soyez pas trop sévère : et si l'autre était maladroit et ne cherchait qu'un moyen de plus pour vous plaire ? Son comportement fait ainsi disparaître son naturel. Peut-être ignore-t-il que la personne qu'il est vraiment vous plairait peut-être davantage, et vous aussi, vous pensez que cela pourrait être le cas. En fait, les qualités qu'on apprécie chez autrui ne sont pas toujours celles dont ce dernier est le plus fier, aussi risque-t-il de longtemps cacher ce qui pourrait vous séduire.

Qui plus est, beaucoup de gens semblent ne pas être « finis ». Et d'ailleurs, n'est-ce pas tant mieux ? Chassez donc de vous l'idée que les gens « bien » sont tous pris. Et les gens « bien » le deviennent, parfois grâce à une union amoureuse, à une relation de confiance. Vous pouvez être celui ou celle qui aide quelqu'un d'autre à grandir. Quel plus beau cadeau ?

Au terme de ce chapitre, si vous continuez à vouloir rencontrer la femme ou l'homme tout de suite parfait et à connaître d'un coup le grand amour, posez-vous encore une fois la question : croyez-vous vraiment rencontrer la personne de vos rêves, l'unique être que vous déclarez vouloir en refusant tous les autres prétendants possibles ? Soyez sincère avec vous-même : vous rêvez d'un amour impossible parce que vous ne croyez pas l'amour possible. Si douter de l'amour est sans doute une forme de sagesse, y croire est le secret du bonheur. Cherchez les raisons qui vous empêchent de croire à l'amour ; ce sera le préalable pour que vous recommenciez à y croire sans rester dans la seule exigence impossible. Ayez foi en l'amour des autres et en votre amour pour eux ; vous le rencontrerez, vous le ferez naître.

CHAPITRE 8

Comment trouver le partenaire à aimer

Vous avez fait la paix avec votre passé, vous vous connaissez mieux tel que vous êtes à présent, tel que vous ne vous imaginiez pas pouvoir être. Place à l'avenir, maintenant que le plus douloureux, le plus difficile est derrière vous. Place au bonheur de nouveau possible. Vous n'avez dans votre vie, jusqu'à présent, pas arrêté de penser et de repenser à vos échecs, à vos défaites. Pourquoi ne pas chercher la lumière maintenant ? Vous en êtes capable, et vous pouvez désormais trouver l'âme sœur, mais vous ne trouverez personne si vous ne cherchez personne, et surtout et d'abord si vous n'avez pas confiance en l'avenir. Encore une fois, changez de regard sur vous-même. Tant de possibilités vous sont offertes !

Cessez d'organiser vous-même vos échecs

Voici un petit florilège des erreurs à ne plus commettre, des pièges dans lesquels ne plus tomber, des petits mensonges que vous ne devez plus vous raconter à vous-même pour vous conforter dans votre sentiment d'échec.

Votre pouvoir d'attraction existe, mais vous l'ignorez ou vous vous cachez les yeux. Si, si, vous avez du charme. Mais ne demeurez pas dans l'ombre, sinon personne ne pourra vous voir. Mettez-vous en valeur. Faites attention à vous, vous y gagnerez l'attention des autres. Tout laisser-aller correspond surtout à un repli sur soi. C'est une marque d'égocentrisme. Inutile de vous investir avec énergie, de faire des efforts par exemple dans le domaine professionnel, si par ailleurs vous négligez de le faire dans le registre amoureux. Il arrive que ce « manque d'effort » soit surtout le reflet d'un orgueil très affirmé, encore renforcé par la rupture récente.

« On doit m'aimer telle que je suis ! » réplique Marie-Jo à tous les conseils de ses amies qui l'invitent à se montrer plus chaleureuse ou plus coquette. Cela témoigne d'une forme de méfiance vis-à-vis de la relation amoureuse, d'une crainte de perdre une part de son identité lorsqu'on rencontre l'autre. Or toute personne qui a été amoureuse (et vous l'avez été vous aussi au moins une fois) sait que l'on devient alors quelqu'un d'autre. On perd un peu de soi, on ne se reconnaît plus. Cela peut aller jusqu'à l'envie de se fondre en l'autre. Marie-Jo refuse, inconsciemment ou non, de perdre une parcelle de son identité sans doute parce qu'elle est fragile sur ce plan. Elle manque de souplesse, car ce qui la menace profondément, c'est de devenir trop dépendante de l'être aimé, de renoncer totalement à ce qu'elle est pour l'autre et d'être détruite à jamais si l'autre l'abandonne. Il arrive souvent que les personnes qui réagissent ainsi aient eu une enfance marquée par des carences affectives ou une rupture avec le parent maternant.

Il en va un peu ici comme avec l'échec scolaire. Nous avons suivi des lycéens manifestement intelligents, mais qui en doutaient. Ils n'avaient pas du tout travaillé pour préparer leur baccalauréat. L'examen raté, ils attribuaient, comme leur entourage, leur échec à leur manque d'effort. Cela laissait entendre que s'ils avaient fait preuve d'effort, la réussite aurait été au rendez-vous. Autrement dit, ils auraient dû réussir leur bac. L'avoir raté justifie une conduite qui ne remet pas en question l'essentiel : ils sont capables de l'avoir. En fait, cette conduite masque une grande peur de l'échec et un certain orgueil. S'ils avaient travaillé et malgré tout avaient raté le bac, ils n'auraient pas pu invoquer le manque d'effort pour expliquer leur échec. On aurait alors douté (et eux-mêmes également) de leurs capacités intellectuelles, chose insupportable à leurs yeux. Ils préfèrent donc rater en ne faisant rien plutôt que de prendre un risque, naturellement moindre, de rater en travaillant beaucoup.

Dans les relations entre hommes et femmes, de tels processus se rencontrent également. Le manque d'effort est le masque d'une résistance à la rencontre amoureuse qui relève tantôt d'un manque de confiance en soi, tantôt de l'orgueil. Certaines personnes refusent toute remise en question, tout effort sur elles-mêmes allant dans le sens d'une amélioration possible de leur part ; elles se laissent aller physiquement comme moralement. Elles vivent alors dans l'illusion. Pour elles, si elles ne trouvent pas de partenaire, c'est dû au fait qu'elles ne font aucun effort. L'explication semble toute trouvée. Sous-entendu : tout échec ne renvoie pas à un défaut personnel et profond, mais découle pratiquement d'une volonté délibérée. C'est la même chose lorsque vous ne faites pas l'effort de sortir de chez vous ni de vous montrer disponible pour d'éventuelles liaisons. Tout se passe comme si vous faisiez plus ou moins consciemment le raisonnement suivant : si je suis seul, c'est parce que je le veux bien, pas parce que je le mérite. Il suffirait que je ne le veuille plus pour ne plus l'être. Donc, malgré vos plaintes, tout va bien, vous ne vous mettez pas en question, vous croyez vous en tirer à bon compte. Mais ce n'est qu'une apparence. Et tout en vous donnant l'impression de vous exempter de toute responsabilité, vous vous enfermez dans la spirale de l'échec.

Au contraire, il faut s'occuper de soi et se tenir prêt à un véritable face-à-face. Sinon, aucune rencontre amoureuse possible, un lot de déceptions, et surtout un lit de solitudes et de manques affectifs. Sortez des mensonges, donnez-vous toutes les chances de captiver les regards.

Courir plusieurs lièvres à la fois, de même, représente la meilleure façon de n'en attraper aucun. Pourquoi vous obstiner à penser le contraire ? Ce n'est pas de cette manière que vous multiplierez vos chances en amour. Le détachement et le manque d'intérêt qui découlent forcément d'une telle disposition d'esprit en feront fuir plus d'un. Tout le monde sent lorsque l'on ne s'accorde qu'une attention relative et que les yeux se portent rapidement sur le candidat ou la candidate qui suivra. Après une rupture, la multiplication des partenaires est sans doute une phase nécessaire pour restaurer votre estime de vous-même plus ou moins atteinte. Mais plus vous les multipliez, moins vous vous investissez, un peu comme si vous passiez votre soirée à zapper devant la télévision. Trois cents chaînes, c'est merveilleux. Mais qu'avez-vous vraiment regardé ? Rien. Sachez donc ce que vous pouvez réellement attendre de cette dispersion qui peut être un leurre si, au fond de vous, vous attendez plus qu'un peu de plaisir.

À l'inverse, au lieu de vous disperser, vous pouvez ne plus bouger du tout, ne plus courir du tout. Vous êtes persuadé d'avoir fait le tour de la question, convaincu d'avoir en vain fait le tour des hommes ou des femmes (tous pareils, tous décevants, évidemment...), alors que vous avez seulement fait le tour de votre quartier. On a toujours plus ou moins tendance à surestimer ce que l'on connaît. La Terre n'est pas plate et le monde ne s'arrête pas aux côtes de l'Europe. Aventurez-vous un peu plus loin, dépassez les sentiers battus ! Cela vous semble dangereux ? Mais quel risque courez-vous vraiment, sinon celui de rester seul, ce dont vous vous plaignez abondamment ? Alors, allez-y !

> Quand on demandait à Émilie le type d'homme auquel elle aspirait, elle se montrait si exigeante qu'on ne pouvait qu'avoir la certitude qu'elle ne le rencontrerait jamais.

L'échec est parfois un motif inconscient pour éviter la rencontre amoureuse dont on a peur. Le perfectionnisme vous rendra aveugle ; vous ne verrez que les défauts, aucune personne ne sera assez bien pour vous. Impossible de dépasser ce genre de situation à répétition. Si vous vous reconnaissez, vous êtes sûrement perfectionniste dans les domaines comme votre profession, votre hygiène corporelle, votre aspect physique, la propreté de votre domicile. Ce qui vous laisse peu de temps et de place pour une vie amoureuse.

S'aveugler sur l'idéal, le seul, l'unique, le bon participe de la même démarche. Une personne peut-elle être l'unique objet de vos espoirs ? Si vous y réfléchissez bien, vous verrez que toute votre vie risque fort de se passer à espérer la rencontrer. À espérer seulement. Sans voir toutes les autres, tout ébloui que vous êtes par votre dieu, votre déesse.

Parfois, vous vous surestimez dans votre attente amoureuse. Cela peut venir de votre éducation, qui vous laissait croire qu'enfant, vous étiez le prince ou la princesse comblant totalement votre père ou votre mère quoi que vous fassiez. En dehors de vous, vos parents n'avaient peut-être aucune source d'épanouissement, que ce soit entre eux ou avec les autres, leurs collègues de travail comme leurs rares fréquentations. Un enfant auquel on a cédé sur tout et dont le désir a primé sur celui des parents aura des difficultés, une fois devenu adulte, à trouver un partenaire digne de sa majesté.

Mais nous sommes rarement des héros. Si vous surestimez la personne dont vous souhaitez faire la connaissance, la rencontre amoureuse risque d'être un objectif insurmontable. Vous vous direz que vous êtes incapable d'y arriver. Trop de pessimisme augmentera votre anxiété qui, plutôt que de vous servir de stimulateur, inhibera votre action et vos chances de réussite. Car vous faites de l'autre un être aux qualités telles que vous vous sentez indigne de lui, alors que cela tient seulement à l'attention amoureuse faussée que vous lui portez.

Si au contraire, vous pensez que vous n'êtes capable de trouver qu'un petit amoureux de rien du tout ou une femme très quelconque, puisque, selon vous, les autres ne jettent même pas les yeux sur vous, vous risquez de ne récolter que déception et échec. Vous accepterez alors le tout-venant, sans discernement. Vous vous raconterez qu'il faut bien donner une chance à chacun, que vous aimez les gens « simples » et « ordinaires ». Mais ce faux égalitarisme ou ce « populisme amoureux », très fréquent, constitue un leurre et traduit seulement le fait qu'on ne s'estime pas assez pour s'autoriser un refus. Dès lors, vos liaisons seront dépourvues de véritable désir de l'autre, manqueront d'enthousiasme et de sel. Ce qui finalement vous confortera dans votre manque d'estime de vous-même. « C'est fade, parce que je suis fade », vous direz-vous.

Faites-vous aider

Vous avez en vous l'énergie pour aller de l'avant, pour vous ouvrir aux autres, pour rencontrer quelqu'un qui remplira votre vie et ne se contentera pas de passer par la petite porte. Peut-être le voulez-vous vraiment, peut-être avez-vous effectué une partie du chemin que nous vous proposons dans ce livre, peut-être avez-vous modifié votre regard sur vous-même et sur les autres. Mais vos seules forces parfois n'y suffisent pas. Certaines personnes sont en effet aux prises avec des difficultés psychologiques, affectives, professionnelles, familiales qui constituent un handicap. Peut-être aussi ont-elles vécu trop d'échecs successifs qui les ont blessées, usées.

Dans ce cas, certains refusent tout net de se faire aider. Ils prétextent une indépendance farouche : « Je préfère me débrouiller seul ! » Ils ne veulent pas se sentir en dette : « Je ne veux rien devoir à personne ! » Ils minimisent les compétences des autres : « Personne ne peut rien pour moi ! » Ces refus sont parfois liés à un état dépressif. En effet, quand on est déprimé on a le sentiment d'être abandonné, de ne pas intéresser l'autre. On se sent indigne de l'aide d'autrui. À quoi bon alors s'épancher auprès de qui que ce soit ? Vous vous sentez plongé dans une profonde tristesse, victime d'un désintérêt total, vous n'êtes plus capable de bouger, de sortir, comme si vous aviez commis une faute. Pour éviter de donner une image négative de vous-même, vous préférerez vous taire ou afficher un contentement de parade. De plus, votre dépression engendre un sentiment de méfiance vis-à-vis des autres.

À votre entourage de faire alors davantage preuve de volonté. Il est nécessaire qu'il s'investisse et vous apporte l'aide dont vous avez besoin, sans attendre que vous lui demandiez de le faire. Insister pour accompagner son amie chez un médecin, c'est parfois lui sauver la vie. Car votre entourage joue un rôle fondamental dans le processus qui vous permettra de ne plus douter de vous : il vous aidera à mettre au clair les vraies raisons qui vous ont mené à de telles difficultés. Vous pourrez prendre appui sur lui afin de vous sortir des marais où se sont égarés vos sentiments. Il vous sera également utile pour reconstruire les liens qui vous offriront la chance d'avancer vers de nouvelles rencontres.

Dites-vous bien que vous priver d'une aide diminue grandement vos chances de réussite et vous fait perdre beaucoup de temps.

Remettez-vous en question

Bien sûr, vous êtes encore fragile, meurtri, presque apeuré face aux autres et parfois souillé par les conditions quelquefois sordides de la rupture. Ce n'est pas le moment, nous l'avons dit, de trop vous fragiliser, de vous abaisser encore. C'est pourquoi vous êtes peu nombreux à vous avouer que vos difficultés proviennent de votre attitude. La faute aux autres ! Et ainsi, vous protégez votre amour-propre. Tant mieux : cela veut dire que vous avez de bons mécanismes de défense psychologiques face aux facteurs de stress. Mais est-ce toujours la faute des autres ?

Vous vous appropriez à tout moment vos succès et faites porter sur l'autre la responsabilité de vos échecs. « C'est de la faute du prof », dira l'élève s'il a de mauvaises notes ; et si ses élèves ratent leur bac, c'est que « le niveau baisse », dira l'enseignant. C'est de la faute de mes parents si je suis malheureux, dira l'adolescent (et parfois, l'adolescence dure longtemps, très longtemps…). C'est de la faute de mon ex-mari, dira la femme divorcée, il n'était pas l'homme que j'avais cru. Attribuer uniquement à autrui, aux femmes, aux hommes, à la famille, à la société dans son ensemble, les causes de sa solitude amoureuse sans se poser la question de savoir si on n'y est pas aussi pour quelque chose a le mérite d'éviter la douleur que susciterait une remise en question. Sur le coup, pourquoi pas si cela vous aide ? Mais à terme, cela vous conduira inévitablement à répéter, répéter sans cesse le même échec. Cessez donc d'organiser vous-même votre propre échec, votre propre solitude affective.

La solitude peut-elle être volontaire ?

Peut-être connaissez-vous des femmes ou des hommes qui affichent leur solitude comme une qualité et donnent l'impression d'y prendre plaisir, d'y trouver même un épanouissement. Et ils vont même jusqu'à croire et à faire croire qu'elle résulte de leur volonté. « Je ne suis pas mécontente d'être seule », « pour rien au monde, je ne sacrifierais mon indépendance » ; « familles, je vous hais » ; « décider au dernier moment d'aller à 22 heures au cinéma avec un copain, quelle femme l'accepterait ? » ; « les matchs de foot sans arrêt, j'ai déjà donné ! » « pas besoin d'un homme pour se débrouiller dans la vie », « j'ai trop vu ma mère accepter les quatre volontés de mon père » : la liste est interminable de ces formules qui semblent justifier une solitude soi-disant choisie. La liberté semble à ce prix. Mais comme disait Cocteau, « quand les choses nous dépassent feignons d'en être les organisateurs ». Derrière le contentement de façade, n'est-ce pas cela qui se joue ? Ou la volonté de cacher la honte d'être une « vieille fille » ou un « vieux garçon » dont personne n'a voulu. Mieux vaut se donner des airs de « *cowboy* solitaire » que de laissé-pour-compte !

Si la solitude est le plus souvent un pis-aller et la satisfaction affichée une façade érigée pour redorer son blason, on peut cependant la choisir pour de bon (surtout si on a essayé autre chose avant…) et elle peut être source d'un certain bien-être, d'un équilibre selon votre personnalité. Après tout, on a longtemps vanté la solitude du sage. Et le philosophe Emmanuel Kant, célèbre pour la platitude et la régularité de sa longue vie provinciale à

Heidelberg, fut aussi l'un des plus fins connaisseurs de tous les champs du savoir et de tous les méandres de l'existence humaine ! Mais tout le monde n'est pas un grand sage ou, comme Glenn Gould, un artiste obsédé par son travail. Il est évident que quelqu'un de très actif et de plutôt porté aux activités contemplatives y trouvera mieux son compte que quelqu'un de plus extraverti, de plus dépendant des autres ou de plus indolent. L'un verra dans la solitude un cadre pour mener des activités qui l'enrichissent, l'autre un vide. L'un y trouvera une source d'indépendance, l'autre se sentira délaissé.

Réfléchissez donc bien à ce que vous cherchez, à qui vous êtes et interrogez-vous sur l'authenticité de votre solitude revendiquée. Et dites-vous aussi, si vous vous sentez de nature un peu « solitaire », que la vie de couple n'exclut nullement des moments à soi. Bien au contraire, c'est la condition pour que le couple puisse durer. Ne faites pas de votre solitude affichée un cache-misère.

Soyez déterminé sans être obsédé

Pour certaines personnes, trouver quelqu'un devient une véritable obsession, une angoisse, une préoccupation de tous les instants, une urgence. Il le faut, il le faut, là, tout de suite, absolument… Cela cache un désir de réussite à tout prix. L'objectif de la recherche n'est pas pour créer une relation amoureuse reposant sur l'échange, la découverte, un sentiment mutuel, une complicité. Il s'agit d'abord et avant tout de réussir, de remporter la victoire. Et à ce petit jeu de la réussite, l'autre devient plus adversaire que partenaire.

C'est faire fausse route. Pour trouver un partenaire, il faut bien une certaine force, une certaine volonté, nous l'avons dit. Mais cela n'a rien à voir avec une conquête sportive ou militaire, un examen académique, un objectif professionnel à tenir coûte que coûte. Vous ne passez pas un concours, vous n'êtes pas engagé dans un tournoi, un défi de pêche. Tout ce que vous récolterez avec un pareil comportement, ce sera de faire fuir ceux qui ne veulent pas ressembler à un trophée de chasseur. Certains hommes et certaines femmes seront peut-être fascinés par l'énergie mise au service de cette quête du Graal. Ils se seront peut-être un temps flattés de jouer ce rôle. Mais pour combien de temps ? Et pour quel type de relation ? Ils se rendront vite compte qu'ils jouent seulement un rôle, qu'ils ne sont pas aimés pour eux-mêmes.

Lâchez prise

Ceux qui veulent tout contrôler dans leur vie se reconnaissent par le caractère très organisé de leur existence. Tout est planifié. Ils fonctionnent de manière autonome et ne sont jamais des charges pour autrui. Ils se montrent d'ailleurs très efficaces dans le domaine professionnel en particulier, où ils réussissent souvent mieux que les autres, naturellement. Mais les rencontres et les liaisons amoureuses ne font pas bon ménage avec les pages d'un calendrier fixé à l'avance et que rien n'autorise à chambouler. Tout se passe au contraire comme si le désir, le hasard, l'incertitude devait prendre le pas sur la raison qui contrôle, qui calcule. La rencontre amoureuse a besoin de terrain vague pour s'installer, de vague à l'âme pour vous emporter. Apprenez à ne pas tout contrôler !

L'amour aime les surprises. Il n'emprunte pas des chemins trop balisés. Et les hasards de la vie amènent parfois aux rencontres amoureuses, là bien sûr où on ne s'attendait pas du tout à les trouver.

Accepter de « lâcher prise », c'est accepter de renoncer à quelque chose de prévu pour une proposition inattendue, mais prometteuse. C'est accepter une visite chez vous alors que votre intérieur est en désordre, par exemple. C'est accepter une sortie dans un univers qui n'est pas le vôtre. Une vie trop bien rangée devient une forteresse contre la rencontre amoureuse. Ne vous transformez pas en Mélusine, n'attendez pas que vos cheveux soient suffisamment longs pour pouvoir vous échapper de votre tour et redescendre sur terre pour retrouver l'homme qui partagera votre vie à venir. La forteresse, c'est vous d'ailleurs qui l'avez construite pour éviter de vous laisser mordre par l'extérieur et ses dangers supposés. Se laisser aller, c'est prendre le risque de s'attacher à quelque chose d'instable ou qui pourrait disparaître.

Aimer, c'est perdre le contrôle. C'est prendre le risque de la souffrance. Beaucoup de personnes ont tout simplement renoncé à l'amour pour éviter la douleur d'un échec, pour ne pas perdre leur liberté car elles vivent l'amour comme une prison menaçante. Elles ont pris le voile pour être libres. Libres de quoi ? De ne pas aimer. Elles en ont conscience, et c'est un choix. Pour d'autres, il en va autrement. Ce n'est pas un choix conscient, c'est plutôt une situation qui s'est imposée à leur insu. Le protectionnisme empêche les échanges. Si les jeunes gens rencontrent plus facilement l'amour, ce n'est pas parce qu'ils sont plus jeunes ou plus désirables, c'est parce qu'ils n'ont pas peur du risque, qu'ils sont dans un état de tension permanente dans le domaine affectif. Pour rencontrer l'amour, il faut accepter d'être bousculé, de fermer les yeux sans savoir ce qu'il y a devant et derrière vous. C'est cette légèreté, cette capacité à bouger dans l'incertitude qu'il vous faut retrouver. C'est pourquoi la solitude trop bien organisée, où tout est bien rangé, bien planifié, est un piège. Et c'est pourquoi la quête trop contrôlée, trop calculée, trop calibrée du conjoint idéal, défini sur mesure, est un leurre et ne peut qu'échouer. Créez donc du hasard, de l'inattendu, au lieu de tout planifier, de tout maîtriser. Surtout après une rupture, vous n'aimez pas le risque. C'est bien naturel. Il en faut pourtant pour pouvoir aimer. Et ne vous racontez pas sans cesse que vous ne voulez plus « prendre le risque de souffrir » après tout ce que vous avez « subi ». Pas d'amour sans incertitude, pas d'amour sans souffrance.

Arrêtez tout de suite le fatalisme

« Je suis comme ça, c'est ainsi ! » Vous êtes seul depuis si longtemps, vous avez connu tant d'échecs que vous croyez que c'est votre destinée d'être malheureux. Surtout si certains ont justifié votre solitude par des interprétations sommaires et vaseuses du style : « Tu es seule car tu avais un père qui ne t'aimait pas ! » Ou bien parce qu'en lisant dans les astres, on vous a annoncé que « les natifs de la Balance au croisement de Mars ne peuvent être heureux en amour ».

Ce fatalisme est un blocage, il vous empêche d'agir. Arrêtez également de croire toujours que si l'on vous « plaque », c'est que vous devez bien le chercher quelque part. Ne négligeons pas que des échecs successifs renvoient aussi à des malchances circonstancielles. S'il n'y a pas que le hasard dans la vie amoureuse, il n'y a pas non plus que le destin, un destin funeste.

Et ne restez pas une victime ! Certains vont jusqu'à imaginer qu'ils sont l'objet d'une espèce de punition, sinon divine du moins suprahumaine, comme si ce n'était pas par hasard qu'il leur arrivait des échecs, comme s'ils les avaient mérités et étaient prédestinés. D'autres auraient la « grâce », mais pas eux ! Il y a encore des pays où la notion de maladie ou de handicap est associée à celle de péché ou de faute morale. La notion de victime innocente étant insupportable, on a besoin que le méchant finisse par mourir dans les films, sinon sous les coups du héros, du moins accidentellement. À l'inverse, on peut croire qu'une bonne action va nous apporter de la chance ou du bonheur.

Cette façon de croire nous rend peut-être supportables les malheurs des uns et des autres ; elle nous aide à croire qu'il est une justice dans le monde. Mais en amour, cette théorie de la prédestination risque fort de renforcer une estime négative de vous-même et de vous rendre plus vulnérable encore : « Je suis indigne de rencontrer quelqu'un. La preuve, je vais d'échec en échec ! » Cela peut aussi conduire à se sacrifier pour l'autre ou à se laisser exploiter par quelqu'un de peu scrupuleux. Comme on se sent de peu de valeur, on ne mérite alors que des mauvais traitements. Et ceux-ci renforcent encore la mésestime de soi. C'est le ressort principal des relations perverses, le mécanisme dont jouent habilement les pervers moraux, le fondement qui permet la violence, la maltraitance. N'oubliez donc pas que vous êtes dans la vie, pas dans une tragédie grecque ou un drame religieux édifiant. Vous n'avez aucun destin à accomplir jusqu'au bout, aucune faute ancestrale à expier. Retrouvez votre libre arbitre. Il n'y a pas de calice à boire jusqu'à la lie.

Depuis le XXe siècle, fini les salons où les dames recevaient pour présenter leurs filles et arranger des unions qui devenaient parfois des mariages d'amour, bien plus tard. Certes, certaines classes de la société organisent encore des « rallyes » afin d'éviter que les jeunes filles ne fréquentent des jeunes gens n'appartenant pas à leur milieu, mais cela devient désuet. L'heure des mots doux que les adolescents s'échangent par SMS a remplacé les petits papiers qui circulaient il y a encore une quinzaine d'années entre les tables de classe. Certains grands magasins ont mis en scène des soirées de rencontres entre cœurs solitaires, mais il n'est pas sûr que les sentiments amoureux, qu'il ne faut jamais confondre avec la marchandise de l'amour qui existe également, puisse naître au rayon des surgelés. Internet a remplacé les marieuses et le *speed dating* les bals du samedi soir. Tous les moyens sont bons, après tout. Ils importent peu, pour autant qu'on se dise que l'amour n'est pas un défi sportif, une bataille sanglante, une affaire de stratégie militaire, mais d'ouverture, de légèreté.

Ne vous repliez pas sur vous-même, tout est encore possible, pour vous aussi, pas seulement pour les autres. Sortez de votre puits. Les échecs ne sont pas inexorables. Ne restez surtout pas fataliste. Ne vous laissez pas envahir par votre quête. Ne scrutez pas chaque homme ou chaque femme qui passe pour chercher ses défauts et ses qualités, comme si vous deviez l'épouser demain. Retrouvez, avec vos yeux et votre recul d'aujourd'hui, un peu de la légèreté de l'adolescence. Vous ne vous imaginez pas passer le reste de votre vie avec cet homme ? Admettons. Mais est-ce une raison pour refuser une invitation à dîner ? Vous verrez bien… peut-être quelque chose émergera-t-il. Mais ne vous forcez pas non plus à vous jeter dans ses bras juste parce qu'une copine vous a dit qu'il fallait vous secouer sinon vous alliez finir en vieille fille aigrie. Laissez faire. Ne contrôlez pas tout.

CHAPITRE 9

Les grands secrets de la séduction

Retournez-vous sur les pages que vous avez lues, elles vous ont aidé à changer votre regard. Vous vous êtes libéré de certaines contraintes liées au passé, vous avez quitté votre chagrin, et vous savez que le temps est bien sûr votre allié. Vous avez également découvert que vous pouvez retrouver une certaine quiétude, et surtout vous mettre en valeur à vos propres yeux et à ceux d'autrui, même après ce que vous avez vécu. Vous avez peut-être retrouvé le sourire et vous pouvez vous regarder dans la glace avec un peu plus de plaisir. Vous avez aussi appris à davantage vous ouvrir aux autres, maintenant que vous êtes un peu libéré de tout ce qui a jusqu'alors embué vos yeux et votre cœur, maintenant que vous avez cessé de prendre pour argent comptant ce que vous avez toujours cru savoir sur les hommes ou sur les femmes et sur leur prétendue incompatibilité. Vous avez chassé la morosité, le fatalisme, vous êtes sorti de l'autodénigrement et de la spirale de l'échec. Votre disponibilité d'esprit, votre légèreté sont un peu revenues… Oui, très bien. Mais ce n'est pas fini. Car vous avez encore un peu peur. Pour que l'aimé vienne à vous, il faut d'abord qu'il vous voie. Pour faire naître une rencontre amoureuse, deux partitions doivent se jouer en accord l'une avec l'autre. Que faire pour que la musique soit belle ? Séduire. Saurez-vous faire ? Les blessures encore fraîches que vous sentez en vous ne vont-elles pas vous empêcher de vous livrer et de jouer le jeu de la séduction ? N'allez-vous pas tout attendre de l'autre, telle une victime exigeant des compensations, et ne rien donner vous-même ?

Séduire n'est pas mentir

La séduction sera votre participation active à la rencontre. Quand elle mène à une véritable histoire d'amour, elle n'est pas simplement mensonge ni manipulation perverse, comme on le croit trop souvent. Par dépit ? Par excès d'orgueil ? Voici quelques astuces toutes simples pour jouer le jeu de la séduction et… y prendre plaisir en créant les conditions afin qu'une histoire puisse naître.

Ne jamais rappeler en premier, chercher à rendre l'autre jaloux, ne jamais confier vos vrais sentiments et paraître froid, distant ou, au contraire, pour les femmes en particulier, arborer toute une panoplie de pin-up : tout cela peut bien sûr fonctionner (parfois même très bien…), mais une fois accroché à l'hameçon, le poisson risque de réaliser qu'il s'est laissé enivrer par vos manœuvres. Et une fois dégrisé, il (ou elle) réalisera qu'il (ou elle) ne vous aime pas vraiment, qu'il ne veut pas aller plus loin. C'est ce qui explique bien souvent qu'après une ou deux rencontres émouvantes et torrides où vous avez déployé tous vos charmes et alors que l'autre semblait succomber, soudain… un recul s'opère. Il ne rappelle plus ; elle est injoignable. Et vous vous sentez déçu, trompé même. Cette fois, ça y était. Oui, ça y était presque… mais presque seulement. Peut-être justement parce que vous avez donné dans la séduction-manipulation comme pour capturer une proie. Vous êtes arrivé à vos fins. Réjouissez-vous, mais prenez bien conscience des limites d'une telle stratégie. Et si vous voulez plus qu'une aventure d'un soir ou d'une semaine, faites bien attention à doser vos effets.

Car la séduction véritable n'est pas l'imposture, elle doit venir de l'intérieur de vous. Il ne s'agit pas de vous déguiser mais de vous parer. Il ne s'agit pas d'adopter un masque, de paraître autre, mais de donner à voir ce que vous êtes. Pas vos côtés sombres, pas vos pires tares, bien sûr. Ne jouez pas les adolescents revêches au motif qu'on devrait vous aimer dans ce que vous avez de pire pour que vous soyez rassuré et acceptiez enfin de montrer ce que vous avez de meilleur. Non, tout le monde risque plutôt de fuir si vous procédez ainsi. Ne cédez pas à la provocation, pour tester l'autre ou par orgueil. Mais ne donnez pas non plus une impression factice, toute faite. Inutile de jouer les beaux ténébreux ou de vous donner des airs de starlette si ça ne vous va pas. C'est l'attraction inhérente à votre personnalité qu'il s'agit de faire renaître.

Ce savoir plaire, vous l'aviez dès vos premières années, mais votre éducation ou l'histoire de votre vie vous l'a fait mettre au placard depuis si longtemps que vous l'avez oublié. D'ailleurs, une partie des problèmes qui ont conduit à votre rupture viennent peut-être aussi de là. « Tu te laisses aller, tu te laisses aller », chantait Charles Aznavour, jouant les maris qui réclament juste un petit zeste de *glamour* pour se trouver des raisons d'y croire encore. Faites donc tout d'abord le point sur les possibilités qui vous sont déjà ouvertes ou que vous devez élargir pour être plus séduisant qu'auparavant. Retrouvez le pouvoir séducteur que vous avez peut-être mis en veilleuse après plusieurs déceptions sentimentales. Vous vous êtes un peu avachi ? Raison de plus pour vous ressaisir. Maintenant, vous ne pouvez plus compter sur la sécurité conjugale.

Du bon usage de la coquetterie

Il est faux de dire que toutes les femmes sont coquettes. Beaucoup, au contraire, se méfient de la coquetterie. Certaines refusent d'en user car l'éducation qu'elles ont reçue les a toujours conduites à déconsidérer ce comportement. Il ne faut pas trop se parer : c'est vulgaire, c'est futile, c'est dispendieux. Une sorte de puritanisme… Parfois, ce refus est plus personnel. Réaction face à une mère trop coquette, jugée superficielle et factice par l'adolescente exigeante que vous étiez ? Peur de la concurrence ? Eh oui, il y a toujours plus belle, plus élégante, plus à la mode que soi… Alors, autant ne pas y prêter attention. Autant jouer les indifférentes et vous donner une allure très neutre, voire disgracieuse. On retrouve ici ce que nous disions au chapitre précédent sur l'absence d'effort cachant une peur d'échouer. Être coquette, c'est alors faire du « genre », des « chichis », se donner des « airs ». Et bien sûr, l'adolescente éprise d'absolu éthéré que vous êtes encore un peu ne peut s'y résoudre. L'argument financier joue bien sûr, mais de plus en plus aujourd'hui, s'arranger, se mettre en valeur, faire preuve d'un peu de goût et de fantaisie dans son apparence sont à la portée de presque toutes les bourses. Ce n'est pas une question de « marques ». Et à niveau de vie équivalent, on note bien les différences d'attitude de chacun à cet égard. La valorisation de la femme « active », censée s'occuper de choses « sérieuses » quand les générations précédentes de femmes s'adonnaient à la frivolité et aux minauderies, n'aide pas non plus en la matière, même si de plus en plus de femmes parviennent de mieux en mieux à concilier féminité affirmée et rigueur professionnelle. Le féminisme a également dénoncé la coquetterie, laquelle réduirait les femmes au statut de fétiche soumis aux désirs de l'homme. Il n'est pas sûr qu'il ait toujours aidé les femmes… sans vraiment changer les hommes.

Mais la coquetterie ne les épargne pas eux aussi. Et de moins en moins, ils affectent de dédaigner ses plaisirs. Le jeune garçon qui sculpte au gel sa chevelure et fait attention aux baskets qu'il arbore, comme le quadragénaire qui s'offre un programme de soins de beauté ou choisit lui-même ses tenues dans les boutiques les plus tendance ne cèdent nullement à un modèle « féminin ». Il est tout simplement question de séduction, d'esthétique, d'envie de plaire. On peut dénoncer ce « culte de l'apparence », on peut y voir encore une recherche de tromperie, on peut critiquer l'influence de la « consommation », des « marques », etc. Toutes les époques ont ainsi vu des esprits chagrins vilipender les dépenses somptuaires, le goût du paraître. Il n'est pas certain, cependant, que les sociétés puritaines cultivent davantage l'amour véritable.

Il est donc temps, si vous êtes une femme et surtout si vous vous êtes négligée, de retrouver la petite fille que vous étiez. La fillette de 5 ans qui fait tourner sa robe à volants, qui veut mettre des chaussures à talons hauts, qui chipe le vernis à ongles de sa maman ne cherche pas nécessairement à se soumettre à une image stéréotypée de la femme. D'autant plus si sa mère n'affiche aucune coquetterie personnelle et n'impose pas ce modèle. « Le désir de plaire naît avant le besoin d'aimer », disait Ninon de Lenclos, qui s'y connaissait. Et au-delà de ce désir, pour la fillette, ces vêtements ou ces accessoires de mode expriment un pouvoir. En tournant sur elle-même, en faisant voler sa robe, elle s'imagine être davantage une tornade qu'une délicate fleur. Wonder Woman, personnage de dessin animé américain qui tourbillonne sur elle-même pour se transformer en superhéroïne, illustre bien cet idéal de puissance. Les semelles compensées sont pour elle l'équivalent des bottes de sept lieues et non de frêles escarpins. Les scénaristes de *Ma sorcière bien-aimée* l'avaient bien compris, eux qui avaient fait du bout du nez fripon de leur héroïne son instrument magique par excellence, la clé de son pouvoir… plus fort encore que celui de Cléopâtre !

La coquetterie est pour les fillettes une façon de s'affirmer, d'exprimer à l'extérieur la puissance de leurs organes sacrés qui sont, contrairement à ceux des garçons, invisibles car internalisés. Le choix du rose et du brillant renvoie d'ailleurs aux coloris de ceux-ci. Dès le plus jeune âge, la coquetterie est aussi la façon qu'a la fillette d'exprimer inconsciemment son désir, n'ayant pas comme le garçon la possibilité de le pointer par la partie de son corps prévue à cet effet. Elle le manifeste donc par son comportement de coquette. La fillette coquette n'a pas moins de volonté de puissance et de pouvoir que le « garçon manqué ». Simplement, elle utilise d'autres attributs et d'autres armes. Quoi qu'il en soit, elle n'est pas du tout passive ou soumise, contrairement aux idées reçues. Elle exprime sa puissance attractive là ou le garçon affirme sa puissance de projection. Quand elle est fâchée, elle tire (les cheveux ou la peau qu'elle pince), alors que le garçon lance. Plus tard, dans ses jeux amoureux, elle attirera par « ce je-ne-sais-quoi d'étourdi et de vif dans son geste, du nonchalant, du tendre, du mignard dans ses attitudes, des yeux fripons, une tête légère, le menton porté au vent et un certain ton, un certain langage finement relevé de saillies folles », comme l'écrivait Marivaux.

Ne craignez donc pas de vous montrer coquette. Du reste, vous ne risquez plus rien, alors que dans une bourgade des années 1950, une femme seule un peu trop soucieuse de sa tenue s'attirait vite les quolibets et les regards lourds de sous-entendus des « honnêtes femmes ». Cela n'a rien de dégradant de vous affirmer ainsi. Pour autant, ne faites pas de votre coquetterie une identité. Oui, vous pouvez sortir même si vous n'êtes pas parfaitement coiffée… et même plaire. Non, il n'est pas indispensable d'assortir toujours vos chaussures et votre sac à main. Et vous n'êtes pas en faute si vous ne le faites pas. Et ce n'est pas parce que vous n'avez pas renouvelé toute votre garde-robe cette année que vous êtes « nulle » ! Si vous étiez un arbre, la coquetterie serait le feuillage, mais ni les racines, ni le tronc, ni les branches. À n'être ou à ne paraître que coquette, vous ne seriez qu'un tas de feuilles.

À chacune aussi d'être coquette à sa façon. Certaines n'ont pas reçu l'éducation nécessaire ou pour des raisons diverses ne se sont jamais intéressées à ce savoir-faire. D'autres ont été coquettes ou ont appris à l'être, mais leur manque d'estime d'elles-mêmes est si intense qu'elles n'ont ni l'énergie ni l'envie de mettre leur corps en valeur. Si vous êtes ainsi, n'hésitez pas à confier cette tâche à d'autres, amies ou professionnelles qui mettront votre corps en lumière.

Et vous, monsieur, cessez de vous raconter que, de toute façon, il ne sert à rien de « faire le beau », que les femmes s'en moquent, que votre position sociale, votre aisance matérielle, votre virilité débordante suffisent à charmer. Vous savez bien que ce n'est pas vrai. D'ailleurs, vous l'avez vérifié. Votre meilleur ami, à qui vous demandez toujours conseil pour vos achats vestimentaires, est « dingue des fringues », et les femmes ne regardent que lui... et son épouse est ravie ! Alors, arrêtez de vous raconter que vous vous en moquez, que vous avez autre chose de plus sérieux en tête, ou pire encore qu'être coquet, c'est être efféminé. Non, ça ne tient pas, ça ne tient plus. Ce sont des excuses que vous vous donnez. Et vraiment, vraiment, faites un effort. Ces horribles caleçons usés sont impossibles. Dites-vous enfin que les femmes ne sont pas là pour vous acheter vos chemises ou choisir vos costumes. Elles aiment de plus en plus que vous les surpreniez aussi dans votre apparence et peuvent apprécier de partager avec vous le jeu de la coquetterie. Pour que la séduction devienne aussi complicité.

Toutefois, l'un des grands secrets de l'amour est que la séduction ne repose pas uniquement sur la coquetterie. Le soin que vous apporterez avec plus d'attention à votre corps, à l'apparence que vous vous donnez vous permettra de vous mettre en valeur, d'être plus sûr de votre image. De votre image seulement. Mais l'image n'est pas tout. Si la coquetterie s'adresse à tous, la séduction doit viser la personne qui vous plaît. Plus vous plaisez à tous, moins vous plaisez à l'individu unique auquel vos charmes sont adressés. Ne cherchez pas à plaire à tout le monde, ne comptez pas les personnes qui tombent sous votre charme. Partez à la recherche de qui vous plaît vraiment et à qui vous voulez plaire tel que vous êtes et qui doit se sentir choisi. Toutefois, ne soyez pas trop pressé, prenez votre temps. Ne changez pas d'un seul coup toutes vos attitudes, vous risqueriez de devenir une coquille certes charmante, mais vide, vide de sentiments à exprimer.

Parfum de soi

Chez les mammifères, les odeurs jouent un rôle fondamental dans la reconnaissance et l'attirance de l'autre[1]. Les êtres humains lors de leur évolution ont pu développer d'autres modes de communication. Grâce aux gestes comme ceux de la main et grâce évidemment au langage. L'audition et la vision ont également pris le pas sur l'olfaction en termes de perception[2]. Toutefois, de façon plus ou moins consciente, les odeurs jouent encore un rôle important dans les rencontres et dans l'harmonie entre les êtres. L'odorat, par l'intermédiaire de la mémoire, entre davantage en résonance directe avec les émotions que l'on perçoit que celles qui découlent d'une analyse rationnelle. Sentir, c'est participer pleinement à la communication non verbale, ce qui conduit à la séduction[3]. Le fœtus apprend à connaître sa mère par son odeur interne. Nouveau-né, il reconnaît son odeur et le doudou qui le rassure est celui qui en est imprégné.

L'odeur d'une personne nous parle d'elle. Nos odeurs corporelles sont déterminées génétiquement. Et les essences de notre être agissent sur les sens des autres. Une étude récente a montré que les femmes étaient statistiquement attirées par des hommes qui présentaient une odeur proche de celle de leur père, mais pas similaire. Pour être

---

1. Patrick Lemoine, *Séduire*, Paris, Robert Laffont, 2004.
2. André Holley, *Éloge de l'odorat*, Paris, Odile Jacob, 1999.
3. Annick Le Guérer, *Le Parfum*, Paris, Odile Jacob, 2006.

attirante, cette odeur ne doit être ni trop semblable à celle de leur père, ni trop différente. Un peu d'ouverture, mais pas trop. Beaucoup de « pareil » et un peu de « pas pareil ». Étonnant équilibre.

On évoque aussi beaucoup le rôle des phéromones fabriquées par notre organisme et délivrées par certaines glandes ; elles possèdent le don d'attirer sexuellement les personnes entre elles[1]. Trop souvent cependant, on confond phéromones et odeurs naturelles. Les odeurs naturelles sont propres à chacun et elles varient en fonction de notre état émotionnel et de notre état physiologique (état de santé). Les phéromones, elles, sont des composés communs à une espèce. Elles induisent des réactions réflexes et stéréotypées. Chaque mammifère sécrète ses propres phéromones. D'ailleurs, elles n'ont pas seulement une vocation sexuelle. Ainsi, la lapine a parmi ses phéromones un composé qui déclenche automatiquement la tétée chez ses lapereaux. À ce jour, très peu de phéromones ont été identifiées dans le règne animal et aucune substance répondant aux critères stricts de phéromones n'a encore été identifiée chez l'homme. Ne croyez donc pas les vendeurs de produits ou de parfums vendus sur Internet qui en contiendraient[2] !

L'hygiène corporelle est fondamentale car les odeurs naturelles se corrompent rapidement. Or, souvent, nous entretenons avec nos mauvaises odeurs le même rapport qu'avec nos défauts : nous ne les sentons plus et elles n'incommodent que les autres. Un parfum relèvera votre odeur naturelle et participera à votre charme sans la mas-

1. Claude Aron, *La Sexualité. Phéromones et désir*, Paris, Odile Jacob, 2000.
2. Pascal Lardellier, *À fleur de peau, corps, odeurs et parfums*, Paris, Belin, 2003.

quer totalement. Ne vidons pas le flacon, laissons nos odeurs naturelles et nos supposées phéromones agir…

Les hommes aussi vous mènent par le bout du nez : En effet, votre nez, mesdames, est dix fois plus sensible au moment de l'ovulation ! Notez bien l'importance de l'odorat dans la recherche d'un partenaire potentiel. Votre odorat a une aptitude particulière à sentir l'odeur masculine puisqu'il est cent fois plus sensible que celui des hommes à l'exaltolide, odeur qui équivaut au musc sexuel masculin.

Votre odeur est liée à votre alimentation. Celle-ci doit être la plus équilibrée possible si vous voulez respecter l'équilibre de votre odeur naturelle. De plus, votre odeur reflète aussi vos états d'âme et votre état de santé sans que vous en ayez conscience. Le stress modifie par exemple le parfum naturel qui émane de vous ; l'autre peut alors le « sentir », comme on l'observe aisément chez les animaux. Mais votre odeur est aussi sous la dépendance de votre humeur. Et la dépression, par le biais de modifications biochimiques qui touchent vos sécrétions, modifie votre odeur, dont les composantes habituelles deviennent alors moins attractives. Explication possible : vous permettre sans doute de mettre autrui à distance pendant ces périodes où vous êtes peu apte à l'harmonie d'une rencontre. De même, apprécier votre propre odeur et celle de l'autre est lié à votre bien-être de votre humeur. Est-ce la raison qui faisait écrire Jules Renard dans son Journal que « la pire odeur que l'on respire est de se sentir mauvais » ?

Prenez donc soin de vous et de vos parfums. À vous sentir mieux, vous serez mieux sentie par l'autre. En attendant, les parfums ont bien sûr leur rôle à jouer. Trouvez le vôtre ! Demandez des échantillons, faites des essais en les portant un jour ou deux sans vous contenter de les sentir rapidement dans une parfumerie ; il faut en effet un peu de temps pour vous habituer à une fragrance nouvelle et à une odeur qui vous surprendra de prime abord, mais qui rendra votre peau très attirante et vous entourera d'une senteur propre à vous, puisque vos sécrétions naturelles font aussi virer les parfums dans le bon sens, comme dans le mauvais. Pour trouver le parfum qui vous conviendra, ne vous fiez pas seulement à votre nez : il peut être invalidé par la force de l'habitude ou parce qu'il a été mal éduqué. Cultivez-le, éduquez-le, ce nez. Expérimentez. Osez changer votre bon vieux parfum de toujours, celui que votre mère vous avait offert pour vos 20 ans ou que votre grand amour de jeunesse vous avait fait découvrir pour votre première Saint-Valentin. Osez, et en matière de parfum comme dans d'autres domaines, ne soyez pas asservi à la publicité des marques les plus connues. Non, il n'y a pas que Chanel n° 5 ou que Shalimar pour plaire. Là encore, donnez-vous une petite touche personnelle, au lieu d'adopter des standards conformistes. Et Monsieur, ne vous croyez pas obligé d'empester l'eau de toilette digne des play-boys de jadis pour plaire. Les femmes aiment les peaux d'hommes qui gardent un peu de leur odeur naturelle, pas la cocotte ! Mais elles aiment aussi un zeste de raffinement dans le choix du parfum. Un homme qui se soigne a toutes les chances d'être attentif aux besoins et aux désirs d'une femme.

Les parfums sont changeants, les heures et les saisons ne sont jamais les mêmes, pensez-y, et jouez sur toute la palette des parfums qui existent, qu'ils soient anciens ou tout nouveaux. Soyez donc patient, et vous trouverez votre bonheur dans les fragrances qui se transformeront en un voile odorant dont vous serez entouré. Demandez l'avis de votre entourage, et de vos partenaires en particulier.

Enfin, pour être plus terre à terre, votre odeur c'est aussi votre haleine. Une mauvaise haleine doit vous conduire à respecter une stricte hygiène bucco-dentaire et à consulter un dentiste en cas de doute sur l'état de vos dents. Vous vérifierez avec votre médecin généraliste l'absence de reflux gastrique. Vous surveillerez votre alimentation en vous méfiant de l'excès d'apports protidiques (viandes) et de produits lactés (comme pour un régime sportif). Enfin, essayez de réduire votre consommation de café, d'alcool et aussi... arrêtez de fumer !

Soyez généreux

Dès l'enfance, les enfants qui tendent des objets aux autres vont en recevoir davantage en retour. Pas d'amour sans générosité. Avec la beauté, c'est sans doute la qualité qu'on attend le plus de l'autre. Beauté ne vaut rien sans bonté, et si l'une attire le regard, l'autre gagne le cœur. Les hommes, en particulier, vivent la beauté des femmes comme un don. Dans leur inconscient, beauté et bonté sont unies, lorsqu'ils évoquent les formes généreuses d'une femme ou ses largesses amoureuses. Mais l'inverse s'avère également vrai. La bonté rend plus beau et celle d'une personne moins gâtée par la nature la rend d'autant plus remarquable qu'elle est moins attendue. Et puis, votre générosité vivra plus longtemps que votre beauté, c'est l'un de ses plus grands atouts.

À quoi reconnaît-on la générosité de quelqu'un ? Elle est faite d'écoute, de disponibilité, d'indulgence, de noblesse de sentiments, de désintéressement. Et bien sûr, de générosité dans tout ce que vous ferez. Votre générosité fait oublier toutes vos imperfections. Elle ne touche pas seulement quand on en jouit. Si l'on voit que vous êtes généreux envers quelqu'un d'autre, on est touché de la même manière.

Certains sont naturellement généreux. Cela provient de leur éducation et de la générosité dont ils ont été entourés. L'éducation y est pour quelque chose. À l'origine, il y a ce regard que vous avez porté enfant sur des parents généreux, qui vous ont aimé sans autre raison que le plaisir de vous aimer. Leur générosité vous a été transmise, et vous êtes devenu, sans y réfléchir, généreux à votre tour. À l'inverse, d'autres personnes ont du mal à se montrer généreuses. Est-ce la faute de l'éducation reçue ? Parfois, tout ce que l'on a pu vous donner l'a été non gratuitement, mais comme sous l'effet de la contrainte, parce qu'il le fallait. Cela mène certains à penser que la générosité (ou la gentillesse) n'est que de la faiblesse, de la naïveté, voire de la bêtise. Rien n'est gratuit, tout se paye.

Dans certains cas, la famille s'est montrée généreuse, mais l'enfant n'a pas appris à l'être. Non par manque d'amour, mais par défaut d'éducation. On ne lui a pas appris à dire merci. Comme si l'enfant était lui-même le cadeau, comme si tout lui était dû. Pas étonnant qu'une fois adulte, il ne sache pas donner, qu'il ne le veuille pas même. Un pour tous, tous pour moi.

N'ayez plus peur de donner. Cela arrive lorsque l'on a peur de se perdre en donnant à l'autre. Réflexe d'usurier du cœur ? C'est une réaction courante si vous avez vécu une rupture sentimentale où vous avez le sentiment d'avoir tout donné et d'avoir été dupé. Avoir peur de donner, c'est aussi la peur que l'enfant que vous avez été a pu éprouver après la naissance d'un petit frère ou d'une petite sœur. Vous vous êtes à cette époque senti dépossédé de l'amour de vos parents, trahi pour ce nouveau-né qui attirait désormais tous leurs regards et leur attention. Avoir peur de donner, cela survient également après un divorce qui s'est mal passé, où l'enfant se replie sur lui-même et sur ses propres ressources affectives, par crainte du risque qu'entraîne tout échange émotionnel. Si vous êtes de ceux qui ont du mal à donner, c'est aussi peut-être parce que vous manquez d'estime pour vous-même. Vous pensez n'avoir rien à donner de vous parce que vous n'en valez pas la peine, que le cadeau que vous pourriez faire est indigne de quiconque.

Oubliez vos craintes, ouvrez votre cœur. Et soyez d'abord généreux avec vous-même, il sera ensuite plus facile de l'être avec les autres. Fini les sacrifices, ne vous privez plus. Si vous cherchez bien, vous trouverez toujours en vous la générosité que vous avez oubliée ou qui s'est longtemps cachée sans que vous le sachiez. Il y a toujours quelqu'un de proche qui a été généreux avec vous, souvenez-vous, vos sentiments renaîtront. Pardonnez-vous d'avoir parfois été jaloux ou envieux, c'était compréhensible ; cela vous aidera à ne plus l'être. Si vous avez perdu votre générosité parce qu'elle a été blessée, n'oubliez pas que vous n'avez rien perdu si on ne vous a rien donné en échange. Car ce que vous avez donné, vous l'avez toujours en vous. Quand on donne, on multiplie la bonté que l'on a en soi, on ne perd jamais rien. Votre bonne humeur, votre humour, l'attention que vous portez aux autres, prodiguez-les. Découvrez le plaisir que vous procurez aux autres quand vous faites un geste de don. Donnez du bonheur. Ce n'est pas toujours aisé, alors faites-en un exercice, forcez-vous un peu. Vous constaterez que, même si cela suscite une forme d'anxiété, vous bénéficierez en retour de la générosité et de la reconnaissance d'autrui.

Il est ardu de changer sa nature, mais ce n'est jamais impossible. N'épargnez plus l'amour que vous vous portez, et commencez par vous aimer. Cela vous aidera à devenir vraiment généreux. Si vous y gagnez le bonheur amoureux, cela deviendra plus facile car le bonheur rend généreux.

Donc, ne thésaurisez pas. Sinon, dans la cassette de votre cœur, à la fin, il ne restera plus rien. Mais ne créez pas une pression excessive sur l'autre par vos largesses incessantes, comme si vous vouliez le rendre dépendant, l'impressionner, acheter ses bonnes grâces, vous rassurer. Si alors, il s'éloigne, vous aurez le sentiment d'avoir investi en pure perte. N'attendez pas de « retour sur investissement ». Être généreux, ce n'est pas corrompre l'autre par ses prodigalités, investir ou acheter de l'amour à coups de cadeaux, même si la surprise des cadeaux est essentielle à la complicité des amants ; c'est faire preuve d'attention. D'attention gratuite. Pour l'autre.

Droit de regard

On peut tout dire avec les yeux. Et vous ne risquez jamais rien, puisqu'on peut toujours nier un regard. Le regard est un langage que l'enfant apprend en regardant ceux des parents qui l'élèvent. Il peut être doux, sombre, vif, menaçant, coquin, pénétrant, caressant ; il peut se dérober ou se fixer. Le nouveau-né cherche à capter le regard de sa mère et apprend à se connaître grâce à lui. Le regard est l'un des instruments de séduction essentiels chez les êtres humains. Seuls parmi les mammifères, les humains croisent leurs regards et se fixent mutuellement. Le regard ouvre les multiples chemins de la rencontre et de la communication entre les êtres, entre les femmes et les hommes en particulier.

La solitude plonge dans l'absence, l'absence des regards que l'on porte sur vous. Mais pour que votre œil puisse voir, il faut que votre cœur contemple. Un regard dans les yeux de son interlocuteur donne de soi une impression globalement positive. À l'inverse, un regard qui n'est pas soutenu, ou pire qui se dérobe, est jugé négativement. On a demandé à des témoins d'évaluer des individus filmés sans paroles qui regardaient la caméra ou qui détournaient plus ou moins les yeux de l'objectif[1]. Ceux qui fixaient leur regard étaient jugés plus sérieux, plus sociables, plus fiables, plus volontaires que les autres. Pour dire son désir, il ne s'agit pas de multiplier les regards appuyés, ce qui implique une position de domination. Ainsi, battre des cils par exemple est un appel, comme les lumières d'un phare qui clignote. Et quand un homme apparaît séduisant, il arrive que les paupières de la femme charmée se ferment un moment comme pour laisser le regard reprendre son souffle. Fermer les yeux un instant, c'est alors pour la femme une façon de rendre grâce. Mais n'oubliez pas de les ouvrir de nouveau ! Votre regard va donner une existence à l'autre. Il a besoin de savoir qu'il existe à vos yeux pour que vous existiez un jour pour lui. Alors n'hésitez pas, regardez-le !

Certaines personnes ne regardent pas car elles n'aiment pas leurs yeux. Une coquetterie dans le regard, des moqueries dans l'enfance ont définitivement détourné ou éteint leur regard, qu'elles masquent parfois par des lunettes. Or, pour se libérer d'une fragilité, il faut la mettre au jour. Si vous cherchez à masquer votre regard, on croira que c'est toute votre personnalité qui mérite de l'être. De plus, l'importance du message prime sur les

1. Brook et coll, 1986.

qualités du messager. Et plus votre regard sera porteur de sens, moins vos yeux retiendront l'attention. Votre regard, pour être vivant, doit dire ce que vous ressentez pour la personne que vous avez choisie et à laquelle vous désirez plaire. Exprimez vos sentiments à l'élu, mais pour cela vous devez en avoir et oser vous les avouer à vous-même au moment où vous regardez la personne à qui vous souhaitez les dire.

Un regard de vous qui se contente de dire « regarde-moi » interpelle moins. Un regard d'amour est un regard qui espère. Mais regarder n'est pas tout, il faut apprendre à lire les regards qui vous sont destinés. Déchiffrez ceux qui se portent sur vous, montrez votre plaisir à les recevoir, la moitié du chemin sera déjà faite. Si vous acceptez ces regards, c'est comme si déjà vous ouvriez les bras.

Place au rire

Si les femmes s'autorisent à pleurer beaucoup plus facilement que les hommes, il n'en va pas de même en ce qui concerne le rire. Elles aiment rire, mais elles retiennent souvent leurs rires, elles les briment, comme par politesse, elles pouffent plutôt qu'elles n'éclatent de rire. S'ouvrir au rire, c'est chasser les idées tristes, s'aider à voir l'horizon plus gai, la vie plus colorée. Des études scientifiques récentes invitent au contraire les femmes à ne pas hésiter à rire aux éclats[1]. C'est donc prouvé : ce type de rire est celui que la majorité des personnes apprécie. Bien plus que les rires étouffés ou retenus. Rire aux éclats, comme les dieux et les déesses de l'Olympe…

---

1. Robert Provine, *op. cit.*

Le rire induit plus rapidement que toute autre attitude une complicité émotionnelle. Les mécanismes d'empathie font que, à l'instar du sourire, le rire enclenche celui d'autrui. Et il suscite un bien-être physiologique par sécrétion d'endorphine et baisse de la tension artérielle. La séduction devient plus facile. De même, on se sent plus à l'aise en présence de quelqu'un qui rit. Mais pas de soi, bien sûr ! Évitez toutefois de trop faire rire à vos dépens. L'amitié sera au rendez-vous, pas le désir. Ne faites donc pas rire au point de prêter à rire, écrivait déjà Héraclite six siècles av. J.-C. Oubliez les faciès figés des mannequins sur les podiums et dans les magazines. Elles ne défilent pas pour susciter l'amour des hommes. Ce sont les femmes qui achètent les vêtements qu'elles portent. Et c'est parce que les mannequins se montrent antipathiques que les futures acheteuses leur prendraient bien leur robe !

Surtout, n'attendez pas d'être heureux pour rire ! Riez chaque fois que vous le pouvez.

Trouvez votre voix

Sifflement, rugissement, chant ; dans le règne animal, on s'attire en s'interpellant à distance. Chez l'homme, la voix est le chemin du cœur. La vôtre peut être claire, sombre, grave, rauque ou aiguë. Elle peut être chaude, éteinte, fausse, juste, vive ou vibrante. On peut tomber amoureux d'une voix. Ulysse a dû être attaché à son mât pour ne pas tomber sous le charme dangereux des sirènes et ne pas les rejoindre, elles qui l'attiraient de leur chant et de leurs voix enchanteresses. La voix est une présentation de soi. C'est un élément majeur de séduction, le plus perfectionné des instruments. Sachez apprendre à en jouer.

Il est rare que l'on aime sa voix. Et l'on n'a pas toujours tort. Mais ce n'est pas une raison suffisante pour se taire. Ce rejet date souvent de l'adolescence, quand la voix change et que l'on commence à être à l'écoute de soi. Une des raisons pour lesquelles vous n'aimez pas votre voix est qu'elle vient de l'intérieur : c'est la musique de votre âme, et vous n'êtes guère tolérant avec ce que vous connaissez de vous-même. Elle est comme votre corps, elle bouge et évolue sous l'influence de votre amour-propre et de votre état affectif. Les épaules voûtées, la tête baissée, les membres ballants, le bassin en avant, un rictus sur le visage rendent rebutant le plus joli des corps. Il en va de même avec la voix.

Trop souvent, vous craignez d'adresser la parole à la personne dont vous désirez faire la connaissance, vous avez peur de vous « dire » véritablement à l'autre, de vous exprimer librement en acceptant un véritable face-à-face. Vous ne laissez pas parler votre voix librement, vous la cachez. Elle devient un filet, vous la cassez, la voilez, tandis que d'autres l'assourdissent, l'étouffent. Vous allez parfois prendre une voix de tête pour éviter de laisser parler votre cœur. Bref, vous déformez votre voix naturelle. Or une belle voix est d'abord et surtout une voix libre[1]. Qui ose dévoiler à celui qui l'écoute ses secrets. Une voix qui vient de l'intérieur, qui émane de votre ventre : c'est de là que la poussée du diaphragme envoie le souffle de votre voix, au niveau du plexus solaire. À cet endroit de votre corps s'entrelacent vos cordons vasculaires et nerveux, guides de vos humeurs. N'enfermez plus votre voix ni dans la gorge, ni dans le nez. Vous devez sentir votre ventre vibrer quand vous parlez. Bien sûr, pour y parvenir

1. Jean Abitbol, *L'Odyssée de la voix*, Paris, Robert Laffont, 2005.

vous devez vous accepter tel que vous êtes, sans vous travestir, ni emprunter une voix qui ne peut faire retentir votre personnalité véritable.

Si vous avez l'impression de ne pas y arriver tout seul, de ne pas reconnaître votre voix en vous, plus d'une possibilité s'ouvrent à vous pour (re)trouver votre vraie voix : vous pouvez prendre des cours de chant, aller voir une orthophoniste ou un spécialiste de la voix, ils vous apprendront à découvrir votre voix et à la placer.

Halte donc au bafouillage, aux mots avalés, aux phrases inachevées, au ton inaudible. La clarté dans l'élocution implique souvent de ne pas forcer l'allure, de poser sa voix. Ce temps que l'on s'accorde pour dire les choses permet d'exprimer la vivacité de son esprit et sa personnalité. Ne cultivez pas un langage trop affecté, un ton prétentieux : cela ne peut que creuser la distance avec les autres. Mais cessez d'utiliser à tout propos les expressions passe-partout qui ont cours, qui affadissent et banalisent votre discours. Une couleur, une tonalité personnelle à votre langage, à votre manière de parler ne peuvent que vous mettre en valeur, vous distinguer. N'inventez pas, ne jouez pas la comédie. Non, soyez vous-même. Vous-même, pas un clone de vos voisins de bureau.

De même dans vos attitudes, vos postures. Il s'agit de rester naturel, mais ralentissez toute votre gestuelle et votre démarche. Décomposez vos mouvements, cela vous permettra de leur donner toute leur plénitude et donc toute leur valeur, et ainsi vous serez mieux « posé », plus assuré de déployer vos charmes. Avec un peu d'expérience, vous y arriverez bien plus aisément et rapidement. Quand vous devrez marcher vite, ce sera alors avec allant. Halte aux gestes furtifs, hâtifs, inaboutis. Ne jouez pas les stars hollywoodiennes de jadis, mais posez-vous face à l'autre. Il y va de votre présence, de votre aura.

Le langage de la séduction

Statistiquement, les femmes sont plus à l'aise que les hommes dans les échanges sociaux. Elles communiquent bien davantage qu'eux. Converser, mais surtout évoquer ses émotions, semble leur coûter moins d'effort. C'est l'éducation différente donnée jusqu'à présent aux filles et aux garçons qui en est la raison principale. Les parents tout comme les personnes extérieures à la famille ne s'adressent pas de la même façon aux bébés garçons et aux bébés filles. Aux garçons, on parle de choses extérieures à eux, tandis qu'aux filles, on parle plus volontiers de ce que l'on ressent, de ses émotions ou de ce que l'on imagine être leurs sentiments. C'est vrai autant de la part de la mère que du père. Celui-ci parle d'ailleurs moins avec son bébé garçon qu'il n'agit avec lui. Et le petit garçon va s'identifier à son père et s'engagera dans un chemin typiquement masculin où les sentiments sont moins exprimés que chez les filles, futures femmes.

Mais ce n'est pas seulement dû à l'éducation. Une explication anatomique et psychologique vient renforcer cette tendance. Le garçon, étant donné le caractère externe de ses organes sexuels, ne peut cacher son désir. Son sexe pointe sans qu'il puisse le contrôler. Il doit donc apprendre à cacher, à taire son désir. Tandis que, chez la fille, il n'est pas apparent. Elle doit apprendre à l'exprimer d'une autre manière puisque l'anatomie ne l'y aide pas. Elle y parvient donc par le verbe ou les attitudes qui sont les siennes.

Le sexe du garçon paraît comme autonome. Il change de volume à son gré sans que le garçon puisse en avoir la maîtrise. C'est pour cela qu'il vit dans la crainte de le perdre et de ne plus en avoir, alors qu'il peut croire que les filles sont des garçons qui ont perdu leur sexe. Voilà l'origine de ce qu'on appelle l'angoisse de castration, laquelle expliquerait que les garçons cherchent davantage à contrôler leurs émotions. Les dire, exprimer leurs désirs, ce serait prendre le risque de perdre une partie de leur identité. Les filles, au contraire, ayant leurs organes sacrés bien à l'abri, ne craignent pas de dire ce qu'elles ressentent. Elles sont à cet égard plus sûres que les garçons de leur identité. Et elles ne sont pas attirées autant que les garçons par les films d'horreur et fantastiques, où il est question de transformations corporelles et autres monstres. Cette angoisse de perte de l'identité est ainsi plus masculine que féminine.

On ne s'étonnera donc pas que les hommes expriment moins leurs sentiments que les femmes. S'ils font le premier pas, c'est à l'aide de propos d'une banalité confondante. En plaquant des phrases toutes faites qui ne viennent pas de leur être profond mais qu'ils ont apprises afin d'éviter d'énoncer ce qu'ils ressentent véritablement. À l'adolescence, la force de leur désir les a parfois menés à oser en dire plus ; s'ils ont été déçus – ce qui est toujours le cas, au moins une fois –, ils ont perdu de leur audace et ont repris le chemin d'un discours qui masque toujours leurs sentiments. Il est d'ailleurs courant de dire qu'une femme ne sera séduite que si l'on a été au premier abord froid. Jadis, c'était exactement l'inverse qui était conseillé et les garçons étaient à la recherche de belles paroles à dire ou à écrire à l'élue de leur cœur.

Si vous êtes une femme, faites donc le premier pas, engagez la conversation ! N'hésitez pas si un homme vous attire. Exprimez fidèlement, au cours des différents échanges que vous aurez avec cet homme, ce que vous ressentez, ce que vous pensez, mais aussi ce que vous désirez. Cela l'aidera à dire de son côté ce qu'il éprouve, ce qu'il aime et qui il est. Face à un homme qui n'arrive pas à parler, ne craignez pas d'aller de l'avant dans votre mode de communication. Vous le laisserez ensuite valider ou invalider les propositions que vous aurez faites. Proposez par exemple à ce collègue de travail qui vous plaît tant et qui rougit quand vous le regardez dans les yeux de déjeuner un jour avec lui ; s'il se contente de vous dire « oui » au lieu de répondre : « C'est une superidée, pourquoi pas demain ? », n'hésitez pas à poursuivre la conversation par une autre question : « Quel jour cela te conviendrait ? » Il pourra ainsi vous répondre plus aisément, soit demain, soit… à la saint-glinglin.

Attention toutefois : une relation amoureuse, surtout naissante, ne doit pas se réduire au commentaire permanent de ce qu'on vit. Beaucoup d'hommes, qui acceptent pourtant de davantage écouter, parler et se livrer que leurs aînés peut-être, finissent par se lasser de ce mode de rapports où tout doit être dit, précisé, commenté en temps réel. Et où, finalement, l'épanchement prend le pas sur l'échange. Pour être bien à deux, il faut se parler. Mais la relation ne se réduit pas à cela. Messieurs, faites donc un pas supplémentaire vers les femmes : livrez-vous. Et mesdames, respectez aussi les silences. La parole de votre amant, de votre conjoint n'en prendra que plus de relief. Pour schématiser, la vie conjugale ne peut se résumer aux « Passe moi le sel » de jadis, comme dans *Le Chat*, ce film où la relation entre Simone Signoret et Jean Gabin passait exclusivement à travers leur animal de compagnie ; mais cela ne doit pas non plus devenir une suite de séances de psychanalyse croisées, comme dans certains films d'Ingmar Bergman, d'Éric Rohmer ou de Woody Allen, dans lesquels le flot de paroles envahit les relations.

Pour autant, sortez du mystère, parlez de vous. Le mystère a longtemps été considéré comme une des clés de la séduction. Mais il empêche d'exprimer ses sentiments, il bloque le partage, qui n'est autre que la première étape pour installer la communication. Confiez à l'autre un moment fort de votre enfance, le plus beau et le plus triste souvenir de votre vie, certains de vos rêves, ce que vous ressentez à votre travail, les musiques que vous aimez, les films, les spectacles qui vous ont marqué. Ne parlez pas seulement de vos émotions, de vos « problèmes », parlez de ce qui vous intéresse dans le monde autour de vous. Tout cela permettra à la personne que vous désirez approcher de se faire une idée de vous. Craignez-vous qu'elle se forme une représentation fausse de vous ? Si vous ne dites rien, elle ne s'en fera aucune, et vous ne resterez à ses yeux qu'un inconnu parmi d'autres. En vous livrant, vous lui témoignez une confiance et vous entrez dans son univers mental. Elle pourra alors se reconnaître dans ce que vous dites. Et cela pourra l'aider à se confier à son tour. Là encore, attention : pas de harcèlement de la parole ! Pas d'échange possible, de vrai échange quand il est contraint.

Pierre était un trentenaire plutôt affirmé qui réussissait bien dans la banque, un homme intelligent, très sociable, pas du tout timide. Mais son épouse Anne, brillante journaliste, ne cessait de se plaindre qu'il ne parlait pas. Au fil des ans, son angoisse n'a fait que croître. Il fallait qu'il parle, il le fallait absolument. Mais souvent, il avait l'impression de ne pas savoir quoi dire ou que ce serait sans intérêt au regard des idées de sa femme. Elle l'accusait de ne pas être assez attentif aux émotions, à la « psychologie » ; il trouvait qu'elle faisait du

« nombrilisme ». Ils ont fini par ne plus parler que du fait qu'il ne parlait pas. Ils ont fini par se séparer. Et il parle davantage…

Qui ne sait pas se taire ne sait pas parler. Et pour s'entendre, il faut d'abord savoir écouter l'autre. Vous pensez en être capable ? Et pourtant, chacun sait qu'il est rare de rencontrer quelqu'un qui écoute vraiment. Et savoir écouter, c'est d'abord savoir se taire. On est souvent tenté de réagir d'emblée, de porter un jugement, de se mettre en avant. Plusieurs facteurs de société y poussent d'ailleurs. Ne prenez pas toujours un témoignage comme une question à laquelle vous devriez absolument répondre, et tout de suite. Écouter n'oblige pas à trouver une solution. On peut se moquer des « Hum ! hum ! » des psychologues, psychothérapeutes ou analystes. Ce sont des signes témoignant d'une écoute, même si elle est flottante. N'en faites quand même pas une habitude… on pourrait croire que vous faites semblant ! Mais ne dédaignez pas ce genre d'expressions qui montrent que vous accueillez les paroles de l'autre sans l'interrompre à tout bout de champ, sans donner votre avis, sans revenir à vous. Laissez le temps à l'autre de réfléchir à ce qu'il veut dire, de se confier, de prendre confiance. En vous, et en votre compagnie. Rien de mieux pour vous sentir ensemble plus proches. Vous n'êtes pas dans un débat politique où il faut vous affirmer. Vous n'êtes pas au bureau où il faut tout de suite manifester votre compétence, votre clairvoyance, et trouver d'emblée la solution au problème qu'on vous expose. Parfois, il n'y a même pas de problème. Juste le besoin d'être avec l'autre, de parler et d'écouter.

Faites preuve d'attentions. Habituez-vous à rassurer votre interlocuteur lorsque vous sentez qu'il hésite, qu'il a peut-être peur de se livrer. Dire « j'ai l'impression que tu étais triste » l'aidera, sans l'enfermer par des paroles hâtives. D'une manière générale, dans les premiers échanges, il faut se garder de porter des jugements sur ce que votre interlocuteur dit de lui, mais aussi des autres, sauf si votre jugement est positif. Rassurez-le dans ses prises de position hésitantes et approuvez-le. Vous pouvez cependant donner des conseils après avoir vérifié qu'il en espère. Être à l'écoute de l'autre, c'est aussi être à l'écoute de sa communication qui ne passe pas par la parole. Observer ses gestes et ses expressions faciales vous aidera à le comprendre.

Enfin, quand on a su donner de la liberté, de la fluidité aux mots, il ne faut pas craindre les silences. Les vôtres comme ceux de l'autre. Des silences qui ne sont pas du vide, de la distance. Des silences qui n'angoissent pas. Parce qu'ils sont le signe d'une proximité, d'une compréhension intime. L'objectif, alors, est atteint.

CONCLUSION

L'amour au futur

S'aimer soi-même est le début d'une vie de passion amoureuse.

Oscar WILDE

Au terme de ce livre en forme de parcours, vous avez accompli un long chemin, celui de la redécouverte de vous-même. Vous avez repris confiance en vous, vous vous sentez plus désirable, vous pensez possible d'être apprécié pour ce que vous êtes vraiment. Les blessures du passé cicatrisent. Un avenir vous semble désormais possible, et la force de le bâtir revient. À vous maintenant de faire le reste : partir à la recherche de celui ou de celle qui vous plaira, peut-être pour longtemps.

Voici quelques clés pour vous soutenir dans cette quête qui vous ouvrira les portes de l'avenir et du bonheur. À deux. Répétons-le encore, pour pouvoir rencontrer l'autre, il faut vous connaître davantage, avoir bien identifié les piliers de votre personnalité et arriver à être de nouveau épanoui. Plus votre sérénité à cet égard sera visible, plus votre rayonnement attirera les autres. Une note de gaieté, une vision positive de la vie donneront envie de passer des moments agréables en votre compagnie.

Osez l'inconnu

Vous croisez beaucoup de monde mais, reconnaissez-le, peu de têtes nouvelles. Dîner tous les samedis avec le même groupe de copines et de copains est bien agréable, mais ce n'est sûrement pas la meilleure façon de vous lier avec des gens nouveaux et différents. À l'inverse, les groupes plus larges peuvent vous effrayer et, bien souvent, dans une soirée, un cocktail, un « pot », comme on dit dans les entreprises, vous vous sentez très embarrassé le verre à la main au milieu de tous ces inconnus qui semblent vous snober. Combattez votre trac. Vous ne supportez pas de rester ainsi plus d'une demi-heure ? Obligez-vous à battre votre record personnel et à rester vingt minutes de plus. Ne vous sentez pas obligé de parler, souriez, regardez le comportement des autres. Vous remarquerez que vous n'êtes pas seul dans cette situation : d'autres personnes sont aussi peu à l'aise que vous… Comment s'en sortent-elles ? En portant davantage votre attention sur les autres, vous oublierez un peu votre propre gêne. Donnez-vous à chaque fois l'obligation de parler à une, deux puis trois personnes, simplement pour arriver à vaincre un peu de cette timidité que vous croyez irrémédiable. Peu importe ce que vous leur dites… Vous verrez : vos craintes vont se dissiper plus vite que vous ne le croyez. Et de fil en aiguille, vous deviendrez plus à l'aise, plus à même de répondre présent le jour où un échange plus intéressant se nouera.

Faites appel à vos souvenirs : combien de fois avez-vous refusé de sortir pendant les trois derniers mois ? Acceptez les invitations, même si vous imaginez que la soirée va être ennuyeuse, que l'endroit où vous devez vous rendre est trop lointain, que la soirée finira trop tard, que tout est trop compliqué ou que ces gens sont « rasoir ». Une sortie est l'occasion de vous ouvrir, de partager un moment, de rencontrer de nouvelles personnes. Vous le savez bien, beaucoup de gens sont agréablement surpris de passer une excellente soirée alors qu'ils pensaient s'ennuyer à mourir. Et si c'est le contraire, ce n'est qu'un moment passé, rien de plus. Vous n'êtes pas la seule personne à qui une chose pareille arrive. Tout le monde a vécu de ces situations où un petit dîner entre amis pouvait tourner au règlement de comptes ou être fastidieux. La prochaine fois sera peut-être la bonne. Qu'avez-vous perdu de si précieux en sortant ? Qu'aviez-vous de mieux à faire ? Goûter les délices d'un plateau télé devant un film que vous aviez déjà vu ? Même les soirées professionnelles qui rebutent nombre de personnes peuvent être source de bonnes surprises. Soyez curieux et ne jugez pas avant d'avoir fait vraiment vous-même l'expérience.

N'hésitez pas, si vous venez de vous séparer, à rechercher dans votre carnet d'adresses des amis perdus de vue que vous auriez plaisir à revoir. Un silence, une pause dans une amitié n'est pas une rupture. La routine de la vie à deux conduit souvent à espacer les rencontres. Il peut aussi s'avérer que certains de vos amis n'avaient que peu d'affinités avec votre ex-partenaire. Ils seront, du coup, ravis de vous revoir seul. Leur silence (ou le vôtre) peut y être lié à des événements difficiles qu'ils ont traversés et qu'ils ne souhaitaient ou n'osaient pas partager

– par exemple des problèmes de santé, familiaux, des difficultés professionnelles ou un chagrin d'amour. Renouez, et si vous ne retrouvez plus la fibre d'antan, tant pis. Vous aurez essayé.

Recherchez des domaines qui vous ont par le passé intéressé, mais que vous avez mis de côté pour des raisons qui ne sont pas toujours légitimes (« pas le temps », « ce n'est pas pour moi », « ça coûte trop cher », « ça déplaisait à mon partenaire ». C'est le moment de vous faire plaisir, de céder aux tentations. En pratiquant de nouvelles activités, vous deviendrez plus dynamique ; elles vous offriront également la possibilité de nouvelles rencontres avec des personnes qui vous étaient jusqu'à présent inconnues, mais avec lesquelles vous pourrez nouer des liens. Vous n'êtes pas obligé de vous investir tout de suite et totalement ; essayez, expérimentez, testez. Tout est possible, ne réduisez pas votre périmètre d'intérêts et de possibilités. Vous pouvez apprendre la magie, la peinture sur or, la restauration de meubles anciens, l'informatique, le dessin, les langues étrangères, un instrument de musique… Qu'importe.

Les activités sportives sont nombreuses et vous pouvez vous y mettre presque à tout âge à condition que vous soyez en bonne santé et que vous ne vous attendiez pas à tout de suite être qualifié pour les Jeux olympiques. Tous les sports nécessitent un apprentissage, ce qui implique des cours. Choisissez plutôt ceux où règne la convivialité et qui permettent de rencontrer des gens. La gymnastique ou les arts martiaux sont excellents. Ils stimuleront vos endorphines et créeront en vous un état de bien-être. Pour couronner le tout, le sport est la meilleure prévention contre les maladies cardio-vasculaires, il diminue le cholestérol et permet d'éliminer des graisses. Le jogging, la marche rapide ou les randonnées sont d'excellents moyens pour vous évader. Les cours de danse se multiplient aussi. Occasion de faire parler votre corps, de nouer des contacts.

La musique fait vibrer les cœurs. Le chant, en particulier, est source d'émotions fortes. Rejoignez une chorale à proximité de chez vous. La musique classique, le rock ou le jazz tout comme les variétés stimuleront vos émotions. Si vous ne jouez pas d'un instrument, vous avez peut-être souhaité le faire par le passé. On peut prendre des cours de musique à tout âge. Et des concerts ont lieu dans toutes les villes, dans de nombreuses églises. Un fond musical vous accueillera chez vous le soir plus agréablement qu'une émission de télévision bruyante et que vous n'écouterez qu'à moitié. Une chaîne stéréo est à la portée de chacun et la musique peut vous accompagner tout au long de votre journée grâce à des écouteurs. Jouée ou écoutée, la musique est toujours une manière de toucher à vos émotions profondes.

C'est le moment aussi de découvrir de nouveaux moyens d'expression : les cours de théâtre, les ateliers de contes, les cafés littéraires ou philosophiques sont un bon moyen de vous intégrer à un cercle de gens qui ont les mêmes centres d'intérêt que vous. Vous avez toujours rêvé d'apprendre le chinois, de vous perfectionner en anglais ? Des cours ont lieu un peu partout, et parfois des formules originales permettent de converser. Ces rencontres rythmeront votre semaine, et plus qui sait... La plupart des grandes villes organisent des conférences « grand public », des festivals de théâtre, de musique. Soyez à l'affût de ces initiatives souvent gratuites ou aux tarifs modiques. Vous hésitez à y allez seul ? Trouvez donc un(e) ami(e) pour vous accompagner. Certaines activités attirent les hommes, d'autres les femmes. Choisissez celles qui sont plutôt mixtes, mais comme il s'agit de se faire plaisir, allez là où vous en avez envie.

Quant à la lecture, c'est l'un des moyens d'évasion les plus utilisés : journaux et livres font partie de toutes les vies. Et ils nourrissent les échanges futurs. Encore faut-il choisir vos ouvrages en fonction de votre disponibilité, de votre humeur, et ne pas vous forcer à lire jusqu'au bout le livre que votre voisin a adoré !

Faites-vous plaisir

Réinvestir votre champ de réflexion, prendre le temps de penser, de vous interroger sur vos choix est un passage obligé pour reprendre les rênes de votre vie. Toutes les philosophies ont en commun de permettre à l'être humain de s'interroger sur sa vie. C'est également le propre de la psychanalyse, du cheminement qu'elle offre, comme des autres modèles de thérapie. Les changements personnels qui en découlent proviennent autant de la régularité de votre questionnement individuel que de la capacité qu'a le thérapeute de vous conduire dans les méandres de vos difficultés pour vous en libérer. Le regard neutre et extérieur, attentif et bienveillant du psy vous sort des réflexions sans fin qui vous angoissent et vous paralysent. Plongez en vous pour mieux en sortir !

Ceux d'entre vous qui ont vécu des expériences extrêmes ont appris à aller à l'essentiel, à goûter tous les jours la joie de se lever libre et vivant. N'attendez pas de frôler la mort pour apprendre et découvrir les joies de la vie. De votre vie à vous.

Ainsi, changer des petites choses dans votre quotidien vous aidera à procéder à de plus grands changements. Réfléchissez à certains détails qui vous procureront des joies. Vous aimez le pain frais ? Allez en acheter au moins un matin par semaine. Vous vous lèverez dix minutes plus tôt, il fera beau, la boulangère ou le boulanger vous sourira : vous gagnerez un nouveau moment de plaisir. Obligez-vous à suivre ainsi un petit objectif hebdomadaire : avoir au moins un déjeuner ou un dîner sympathique dans la semaine. Ce qui n'était qu'une contrainte au départ vous fera du bien. Pour vous rendre à votre travail ou rentrer chez vous, changez de trajet une fois par semaine pour voir d'autres paysages. Vous prenez le métro tous les jours ? Essayez une fois le bus. Vous accompagnez vos enfants à l'école ? Prenez un café après, seul ou avec un autre parent, une fois par semaine. Un quart d'heure à une terrasse vous donnera un sentiment de liberté.

Allez dans une nouvelle boutique dont on vous a parlé, qui propose des vêtements, des objets de décoration, des produits exotiques qui vous feront découvrir d'autres couleurs, d'autres idées. Il sera plus facile ensuite de partager votre curiosité, vos impressions, de donner de nouvelles idées aux autres pour se détendre, faire une balade un jour de libre.

Sortez au cinéma plutôt que rester tous les soirs scotché devant votre télévision et de perdre votre temps à zapper. Le cinéma reste une vraie source d'évasion, offre un sujet de discussion facile. Vous pourrez chaque semaine évoquer les films qui viennent de sortir, et les fans de cinéma sont nombreux. Les films ont souvent remplacé de nos jours les livres comme sujets de conversation. Le cinéma présente de nombreux avantages : il vous fait entrer instantanément dans une autre histoire, vous plonge dans d'intenses sentiments et vous permet ainsi de vous évader, d'oublier vos soucis. Par un mécanisme naturel d'hypnose, il vous déconnecte de vous-même : le délassement ou la découverte de choses que vous ne connaissiez pas auparavant est souvent au rendez-vous. La télévision n'a pas du tout le même effet : vous êtes en effet sollicité par de multiples détails qui diminuent votre concentration : votre téléphone sonne, vous allez prendre un verre ou grignoter pendant les minutes de plus en plus longues... de publicité, vous faites deux choses à la fois.

On peut ironiser sur ces petits bonheurs, à l'image de la « petite gorgée de bière » de Philippe Delerm. On peut considérer qu'ils ne sont qu'un pis-aller, un succédané du bonheur avec un grand B, le seul qui compterait. On peut estimer que ces petits plaisirs que vous pouvez vous donner facilement et qui vous procurent douceur et chaleur sont une illusion détournant du grand amour, de la grande passion, la seule chose qui importerait. Peut-être devrions-nous renoncer à ces clichés romantiques : le spleen n'est pas la voie royale vers l'amour. Et les torturés ont plutôt moins de chances de connaître une union heureuse que ceux qui savent jouir de la vie. Ne fabriquez donc pas votre malheur. Semez plutôt les petites graines de votre bonheur. La récolte viendra à son heure.

Évadez-vous

Sortez des sentiers battus, allez respirer, quittez vos habitudes : pour certains, ce sera dans la nature ; pour d'autres, dans les cafés, les bars, les restaurants. Si vous craignez de vous jeter à l'eau toute seule, si vous ne voulez pas passer pour un pilier de bar ou un dragueur à la petite semaine, prenez un verre avec une amie ou un ami dans un endroit qui vous ressemble. Les regards s'y trouvent souvent, et la conversation peut s'engager sans que vous soyez enfermé dans un lieu qui vous force à rester en compagnie de votre interlocuteur si celui-ci, les premiers mots passés, ne vous intéresse plus vraiment.

Choisissez des modes d'expression variés qui vous conviennent : vous transmettrez de cette façon aux autres l'expérience intérieure qui est la vôtre, vous révélerez plus facilement qui vous êtes, vos qualités et votre sensibilité. Certains d'entre vous écrivent plus facilement qu'ils ne parlent. Par le biais d'un journal intime, d'une autobiographie, d'un récit, de poésies ou simplement d'une correspondance, vous pourrez trouver et transmettre vos émotions. Les arts plastiques sont autant d'arts différents que vous pouvez apprendre. Mais vous pouvez simplement regarder et y trouver du plaisir. Pensez aux musées, aux expositions, aux salons, qui stimuleront votre réflexion, votre imaginaire, vos sentiments, vos émotions. D'autres, surtout ceux qui ont un travail sédentaire, préféreront trouver leur bien-être en se tournant vers des activités manuelles. Qu'importe : donnez une touche personnelle à votre vie, exprimez-vous selon un mode qui vous est propre.

Et voyagez, voyagez... Vous sentir étranger vous libérera de tout ce qui, en vous, vous pèse toujours. Évadez-vous. L'inattendu est toujours du voyage. Laissez-vous faire. Et puis surtout, n'oubliez pas de vous évader en pensée, en rêvant, les yeux ouverts, sans avoir peur d'être victime de vos illusions. Place à l'imprévu.

Voilà, il est temps de vous y mettre maintenant. Vous êtes prêt. À vous de jouer.

Êtes-vous prêt(e) à rencontrer quelqu'un ?

Répondez le plus spontanément possible. Une seule réponse par question.

1- Vous écrivez un roman sur une nouvelle histoire d'amour. Lequel de ces deux titres choisissez-vous ?

a- les orchidées

b- les anémones

2- Dessinez spontanément un triangle. Il a :

a- la pointe en haut

b- la pointe en bas

3- Voilà un astre qui peut nous apporter le meilleur comme le pire. Mais dans les faits, le soleil, vous avez tendance à :

a- à le rechercher

b- à le fuir

4- Quand vous séchez vos mains sous le sèche-mains des toilettes d'un restaurant :

a- vous arrêtez bien avant qu'elles ne soient sèches

b- vous les séchez correctement

5- Au rayon laitage de votre supermarché vous êtes tenté par quel type de yaourts ?

a- velouté

b- allégé

6- Sur une plage déserte, vous découvrez une bouteille. Que contient-elle ?

a- une carte au trésor

b- un appel à l'aide

7- Quand vous allez vous acheter des vêtements :

a- vous avez besoin d'un avis extérieur

b- vous n'avez besoin d'aucun autre avis que le vôtre

8- Travaillant pour une agence de publicité, vous faites un graphisme pour un parfum. C'est :

a- un coquelicot dans un champ

b- une violette séchée entre deux pages d'un livre

9- Tout au long de votre existence, selon vous :

a- des personnes vont ont aidé

b- vous ne devez rien à personne

10- Lors de votre mystérieux périple initiatique, vous êtes perdu(e).

Vous demandez votre chemin à un sphinx. Il ne vous donnera la réponse que si vous répondez à son énigme. Ignorant la réponse, vous répondez au hasard :

a- oui

b- non

11- Lors d'un cours de yoga, on vous invite à vous concentrer sur votre respiration. Quel temps préférez-vous ?

a- l'inspiration

b- l'expiration

12- Si le diable existe, à quoi ressemble-t-il à votre avis ?

a- à un monstre terrifiant

b- à un homme ou une femme très séduisant(e)

13- Imaginez votre prochaine résidence secondaire, à la mer ou à la campagne.

De quoi la voyez-vous entourée ?

a- d'une palissade en bois

b- d'un mur de pierre

14- Vous prenez un film en cours. Dans une scène, deux personnes se serrent la main. Que représente selon vous cette poignée de main :

a- un bonjour

b- un au revoir

15- Imaginez que vous êtes au volant d'un véhicule et que la fatigue vous gagne. Que faites-vous ?

a- vous vous arrêtez un moment pour vous relaxer

b- vous accélérez pour arriver plus vite

16- Votre véhicule tombe en panne dans un chemin vicinal au milieu de la Forêt-Noire. Vous errez un peu à pied avant d'arriver à l'entrée d'une maison abandonnée. Vous essayez d'ouvrir la porte :

a- elle s'ouvre facilement

b- impossible de l'ouvrir

17- Lequel de ces deux sports à risque vous rebute-t-il le moins ?

a- le parapente

b- l'escalade

18- Quand vous serez mort(e), en quelle fleur préféreriez-vous être réincarné(e) ?

a- en tournesol

b- en myosotis

19- À votre cours de dessin, le thème c'est le volcan. Vous le dessinez :

a- en éruption

b- éteint

20- Pour vous le bonheur c'est :

a- savoir s'entourer

b- avoir de la chance

21- Vous descendez un fleuve dans une embarcation quelconque. Au loin vous entendez un bruit sourd. Vous imaginez :

a- une cascade

b- un barrage

Interprétations

Si vous avez de 15 à 21 B

Vous n'êtes pas encore prêt(e) à rencontrer quelqu'un. Cela ne veut pas dire que cela ne vous arrivera pas, mais vous n'avez pas de votre côté toutes les dispositions nécessaires. Vous comptez encore trop sur vous-même, que cela soit le fruit de votre personnalité de base ou bien la conséquence d'un cœur meurtri, et vous avez du mal à véritablement partager, à faire confiance à l'autre, à lui confier une partie de vous. Votre cœur est encore trop clos. Des freins font obstacle. Vous ne croyez pas véritablement ou suffisamment à une histoire possible à deux. Un voile noir brouille toujours la lumière de votre espoir et restreint la vitalité de vos aspirations. Sans doute que la souffrance est toujours trop vive. Il y a de la frustration qui pollue votre être. Vous vous protégez d'une nouvelle rencontre par vos propos, votre allure, vos actions, ou votre rythme de vie bien que vous affirmiez aux autres comme à vous que vos larmes sont sèches et que votre quête a repris. Il semble que vous n'ayez pas encore achevé votre travail d'anamorphose sur vos histoires passées ou sur vous-même. Relisez certaines de ces pages ou attendez encore un peu que la pâte prenne et que votre métamorphose s'engage.

Si vous avez de 7 à 14 B

Vous êtes prêt(e) à une nouvelle rencontre. Même si l'ensemble des conditions qui rendent la route libre d'accès ne sont pas toutes réunies. L'envie est là, bien présente, forte d'avoir longtemps fermentée, mais des craintes tamisent son éclat. De la mésestime de soi, des doutes sur les hommes ou les femmes, des renvois d'un passé nauséabond, ou bien une sensibilité revêtue d'une indifférence de façade peuvent gêner votre avancée vers une rencontre ou encombrer l'espace d'une union. Vous avez pris le recul adéquat, vous avez opéré sur vous l'anamorphose nécessaire mais tout ne s'est pas effacé ou recousu. Soyez lucide sur les obstacles ou vos appréhensions mais surtout gardez votre élan pour une rencontre. Il donnera l'essor de votre bonification et sera le moteur de votre émancipation vers une deuxième chance en amour.

Si vous avez de 0 à 6 B

Vous êtes fin prêt(e) pour une nouvelle rencontre. Une nouvelle chance en amour peut s'offrir à vous, vous ne la laisserez pas passer et vous saurez cultiver cet amour naissant. Vous êtes prêt(e) à partager le territoire d'un autre et à partager le vôtre. Vous n'attendez pas tout de l'autre mais suffisamment pour qu'il ait envie de vous compléter. Votre passé n'est pas nié, il est sous verre :

visible, reconnaissable, accessible mais rangé, inaudible et inodore. Les cicatrices sont refermées et sont nettes. Vos attentes ont évolué vers davantage de réalisme : vous êtes décidé à créer du rêve dans votre vie sans vous limiter à la rêver. Vous ne croyez plus au prince charmant car vous croyez enfin en vous, en l'homme, en la femme, en lui, en elle, en l'amour. Votre histoire peut commencer : il était une deuxième fois…

Remerciements

Un ouvrage est toujours le fruit de plusieurs années de réflexion et de commentaires proposés par de nombreux amis.

Je voudrais tout d'abord remercier les patients qui ont enrichi ma réflexion depuis que je consulte en tant que psychothérapeute individuel et de couple. Leur solitude et leur souffrance m'ont aidé à élaborer cet ouvrage.

Les exemples cliniques qui ont été inscrits dans cet ouvrage ont été modifiés de façon à préserver l'anonymat.

Je voudrais remercier avant tout les premières lectrices de cet ouvrage qui l'ont enrichi par leurs réflexions et leurs critiques. Merci à Nathalie B., Émilie D. et Antonella V....

Merci à Odile Jacob pour ses remarques si pertinentes et son accueil.

Le travail de Jean-Luc Fidel a permis une lecture plus aisée et plus dynamique de ce manuscrit. Il a apporté tout son talent et sa maturité pour nous permettre une écriture plus fluide.

Merci à Gabrielle Gelber pour son dynamisme et son enthousiasme.

Merci à tous mes proches qui m'accompagnent au quotidien : Pierre, David, Jessica.

Merci aussi à Élise, Olivier, Sandrine, Fabrice (S.A.).

Merci à Gaston et Mireille pour leur amour, à Nathalie Pourtalet pour son affection et à Gilles-Marie Valet pour sa fidélité (S.C.).

Table

DANS LA COLLECTION « POCHES ODILE JACOB »

N° 1 : Aldo Naouri, *Les Filles et leurs mères*
N° 2 : Boris Cyrulnik, *Les Nourritures affectives*
N° 3 : Jean-Didier Vincent, *La Chair et le Diable*
N° 4 : Jean François Deniau, *Le Bureau des secrets perdus*
N° 5 : Stephen Hawking, *Trous noirs et Bébés univers*
N° 6 : Claude Hagège, *Le Souffle de la langue*
N° 7 : Claude Olievenstein, *Naissance de la vieillesse*
N° 8 : Édouard Zarifian, *Les Jardiniers de la folie*
N° 9 : Caroline Eliacheff, *À corps et à cris*
N° 10 : François Lelord, Christophe André, *Comment gérer les personnalités difficiles*
N° 11 : Jean-Pierre Changeux, Alain Connes, *Matière à pensée*
N° 12 : Yves Coppens, *Le Genou de Lucy*
N° 13 : Jacques Ruffié, *Le Sexe et la Mort*
N° 14 : François Roustang, *Comment faire rire un paranoïaque ?*
N° 15 : Jean-Claude Duplessy, Pierre Morel, *Gros Temps sur la planète*
N° 16 : François Jacob, *La Souris, la Mouche et l'Homme*
N° 17 : Marie-Frédérique Bacqué, *Le Deuil à vivre*
N° 18 : Gerald M. Edelman, *Biologie de la conscience*
N° 19 : Samuel P. Huntington, *Le Choc des civilisations*
N° 20 : Dan Kiley, *Le Syndrome de Peter Pan*
N° 21 : Willy Pasini, *À quoi sert le couple ?*
N° 22 : Françoise Héritier, Boris Cyrulnik, Aldo Naouri, *De l'inceste*
N° 23 : Tobie Nathan, *Psychanalyse païenne*
N° 24 : Raymond Aubrac, *Où la mémoire s'attarde*
N° 25 : Georges Charpak, Richard L. Garwin, *Feux follets et Champignons nucléaires*
N° 26 : Henry de Lumley, *L'Homme premier*
N° 27 : Alain Ehrenberg, *La Fatigue d'être soi*
N° 28 : Jean-Pierre Changeux, Paul Ricœur, *Ce qui nous fait penser*
N° 29 : André Brahic, *Enfants du Soleil*
N° 30 : David Ruelle, *Hasard et Chaos*
N° 31 : Claude Olievenstein, *Le Non-dit des émotions*
N° 32 : Édouard Zarifian, *Des paradis plein la tête*
N° 33 : Michel Jouvet, *Le Sommeil et le Rêve*
N° 34 : Jean-Baptiste de Foucauld, Denis Piveteau, *Une société en quête de sens*
N° 35 : Jean-Marie Bourre, *La Diététique du cerveau*
N° 36 : François Lelord, *Les Contes d'un psychiatre ordinaire*

N° 37 : Alain Braconnier, *Le Sexe des émotions*
N° 38 : Temple Grandin, *Ma vie d'autiste*
N° 39 : Philippe Taquet, *L'Empreinte des dinosaures*
N° 40 : Antonio R. Damasio, *L'Erreur de Descartes*
N° 41 : Édouard Zarifian, *La Force de guérir*
N° 42 : Yves Coppens, *Pré-ambules*
N° 43 : Claude Fischler, *L'Homnivore*
N° 44 : Brigitte Thévenot, Aldo Naouri, *Questions d'enfants*
N° 45 : Geneviève Delaisi de Parseval, Suzanne Lallemand, *L'Art d'accommoder les bébés*
N° 46 : François Mitterrand, Elie Wiesel, *Mémoire à deux voix*
N° 47 : François Mitterrand, *Mémoires interrompus*
N° 48 : François Mitterrand, *De l'Allemagne, de la France*
N° 49 : Caroline Eliacheff, *Vies privées*
N° 50 : Tobie Nathan, *L'Influence qui guérit*
N° 51 : Éric Albert, Alain Braconnier, *Tout est dans la tête*
N° 52 : Judith Rapoport, *Le garçon qui n'arrêtait pas de se laver*
N° 53 : Michel Cassé, *Du vide et de la création*
N° 54 : Ilya Prigogine, *La Fin des certitudes*
N° 55 : Ginette Raimbault, Caroline Eliacheff, *Les Indomptables*
N° 56 : Marc Abélès, *Un ethnologue à l'Assemblée*
N° 57 : Alicia Lieberman, *La Vie émotionnelle du tout-petit*
N° 58 : Robert Dantzer, *L'Illusion psychosomatique*
N° 59 : Marie-Jo Bonnet, *Les Relations amoureuses entre les femmes*
N° 60 : Irène Théry, *Le Démariage*
N° 61 : Claude Lévi-Strauss, Didier Éribon, *De près et de loin*
N° 62 : François Roustang, *La Fin de la plainte*
N° 63 : Luc Ferry, Jean-Didier Vincent, *Qu'est-ce que l'homme ?*
N° 64 : Aldo Naouri, *Parier sur l'enfant*
N° 65 : Robert Rochefort, *La Société des consommateurs*
N° 66 : John Cleese, Robin Skynner, *Comment être un névrosé heureux*
N° 67 : Boris Cyrulnik, *L'Ensorcellement du monde*
N° 68 : Darian Leader, *À quoi penses-tu ?*
N° 69 : Georges Duby, *L'Histoire continue*
N° 70 : David Lepoutre, *Cœur de banlieue*
N° 71 : Université de tous les savoirs 1, *La Géographie et la Démographie*
N° 72 : Université de tous les savoirs 2, *L'Histoire, la Sociologie et l'Anthropologie*
N° 73 : Université de tous les savoirs 3, *L'Économie, le Travail, l'Entreprise*

N° 74 : Christophe André, François Lelord, *L'Estime de soi*
N° 75 : Université de tous les savoirs 4, *La Vie*
N° 76 : Université de tous les savoirs 5, *Le Cerveau, le Langage, le Sens*
N° 77 : Université de tous les savoirs 6, *La Nature et les Risques*
N° 78 : Boris Cyrulnik, *Un merveilleux malheur*
N° 79 : Université de tous les savoirs 7, *Les Technologies*
N° 80 : Université de tous les savoirs 8, *L'Individu dans la société d'aujourd'hui*
N° 81 : Université de tous les savoirs 9, *Le Pouvoir, L'État, la Politique*
N° 82 : Jean-Didier Vincent, *Biologie des passions*
N° 83 : Université de tous les savoirs 10, *Les Maladies et la Médecine*
N° 84 : Université de tous les savoirs 11, *La Philosophie et l'Éthique*
N° 85 : Université de tous les savoirs 12, *La Société et les Relations sociales*
N° 86 : Roger-Pol Droit, *La Compagnie des philosophes*
N° 87 : Université de tous les savoirs 13, *Les Mathématiques*
N° 88 : Université de tous les savoirs 14, *L'Univers*
N° 89 : Université de tous les savoirs 15, *Le Globe*
N° 90 : Jean-Pierre Changeux, *Raison et Plaisir*
N° 91 : Antonio R. Damasio, *Le Sentiment même de soi*
N° 92 : Université de tous les savoirs 16, *La Physique et les Éléments*
N° 93 : Université de tous les savoirs 17, *Les États de la matière*
N° 94 : Université de tous les savoirs 18, *La Chimie*
N° 95 : Claude Olievenstein, *L'Homme parano*
N° 96 : Université de tous les savoirs 19, *Géopolitique et Mondialisation*
N° 97 : Université de tous les savoirs 20, *L'Art et la Culture*
N° 98 : Claude Hagège, *Halte à la mort des langues*
N° 99 : Jean-Denis Bredin, Thierry Lévy, *Convaincre*
N° 100 : Willy Pasini, *La Force du désir*
N° 101 : Jacques Fricker, *Maigrir en grande forme*
N° 102 : Nicolas Offenstadt, *Les Fusillés de la Grande Guerre*
N° 103 : Catherine Reverzy, *Femmes d'aventure*
N° 104 : Willy Pasini, *Les Casse-pieds*
N° 105 : Roger-Pol Droit, *101 Expériences de philosophie quotidienne*
N° 106 : Jean-Marie Bourre, *La Diététique de la performance*
N° 107 : Jean Cottraux, *La Répétition des scénarios de vie*
N° 108 : Christophe André, Patrice Légeron, *La Peur des autres*
N° 109 : Amartya Sen, *Un nouveau modèle économique*
N° 110 : John D. Barrow, *Pourquoi le monde est-il mathématique ?*

N° 111 : Richard Dawkins, *Le Gène égoïste*
N° 112 : Pierre Fédida, *Des bienfaits de la dépression*
N° 113 : Patrick Légeron, *Le Stress au travail*
N° 114 : François Lelord, Christophe André, *La Force des émotions*
N° 115 : Marc Ferro, *Histoire de France*
N° 116 : Stanislas Dehaene, *La Bosse des maths*
N° 117 : Willy Pasini, Donato Francescato, *Le Courage de changer*
N° 118 : François Heisbourg, *Hyperterrorisme : la nouvelle guerre*
N° 119 : Marc Ferro, *Le Choc de l'Islam*
N° 120 : Régis Debray, *Dieu, un itinéraire*
N° 121 : Georges Charpak, Henri Broch, *Devenez sorciers, devenez savants*
N° 122 : René Frydman, *Dieu, la Médecine et l'Embryon*
N° 123 : Philippe Brenot, *Inventer le couple*
N° 124 : Jean Le Camus, *Le Vrai Rôle du père*
N° 125 : Elisabeth Badinter, *XY*
N° 126 : Elisabeth Badinter, *L'Un est l'Autre*
N° 127 : Laurent Cohen-Tanugi, *L'Europe et l'Amérique au seuil du XXIe siècle*
N° 128 : Aldo Naouri, *Réponses de pédiatre*
N° 129 : Jean-Pierre Changeux, *L'Homme de vérité*
N° 130 : Nicole Jeammet, *Les Violences morales*
N° 131 : Robert Neuburger, *Nouveaux Couples*
N° 132 : Boris Cyrulnik, *Les Vilains Petits Canards*
N° 133 : Christophe André, *Vivre heureux*
N° 134 : François Lelord, *Le Voyage d'Hector*
N° 135 : Alain Braconnier, *Petit ou grand anxieux ?*
N° 136 : Juan Luis Arsuaga, *Le Collier de Néandertal*
N° 137 : Daniel Sibony, *Don de soi ou partage de soi*
N° 138 : Claude Hagège, *L'Enfant aux deux langues*
N° 139 : Roger-Pol Droit, *Dernières Nouvelles des choses*
N° 140 : Willy Pasini, *Être sûr de soi*
N° 141 : Massimo Piattelli Palmarini, *Le Goût des études ou comment l'acquérir*
N° 142 : Michel Godet, *Le Choc de 2006*
N° 143 : Gérard Chaliand, Sophie Mousset, *2 000 ans de chrétientés*
N° 145 : Christian De Duve, *À l'écoute du vivant*
N° 146 : Aldo Naouri, *Le Couple et l'Enfant*

N° 147 : Robert Rochefort, *Vive le papy-boom*
N° 148 : Dominique Desanti, Jean-Toussaint Desanti, *La liberté nous aime encore*
N° 149 : François Roustang, *Il suffit d'un geste*
N° 150 : Howard Buten, *Il y a quelqu'un là-dedans*
N° 151 : Catherine Clément, Tobie Nathan, *Le Divan et le Grigri*
N° 152 : Antonio R. Damasio, *Spinoza avait raison*
N° 153 : Bénédicte de Boysson-Bardies, *Comment la parole vient aux enfants*
N° 154 : Michel Schneider, *Big Mother*
N° 155 : Willy Pasini, *Le Temps d'aimer*
N° 156 : Jean-François Amadieu, *Le Poids des apparences*
N° 157 : Jean Cottraux, *Les Ennemis intérieurs*
N° 158 : Bill Clinton, *Ma Vie*
N° 159 : Marc Jeannerod, *Le Cerveau intime*
N° 160 : David Khayat, *Les Chemins de l'espoir*
N° 161 : Jean Daniel, *La Prison juive*
N° 162 : Marie-Christine Hardy-Baylé, Patrick Hardy, *Maniaco-dépressif*
N° 163 : Boris Cyrulnik, *Le Murmure des fantômes*
N° 164 : Georges Charpak, Roland Omnès, *Soyez savants, devenez prophètes*
N° 165 : Aldo Naouri, *Les Pères et les Mères*
N° 166 : Christophe André, *Psychologie de la peur*
N° 167 : Alain Peyrefitte, *La Société de confiance*
N° 168 : François Ladame, *Les Éternels Adolescents*
N° 169 : Didier Pleux, *De l'enfant roi à l'enfant tyran*
N° 170 : Robert Axelrod, *Comment réussir dans un monde d'égoïstes*
N° 171 : François Millet-Bartoli, *La Crise du milieu de la vie*
N° 172 : Hubert Montagner, *L'Attachement*
N° 173 : Jean-Marie Bourre, *La Nouvelle Diététique du cerveau*
N° 174 : Willy Pasini, *La Jalousie*
N° 175 : Frédéric Fanget, *Oser*
N° 176 : Lucy Vincent, *Comment devient-on amoureux ?*
N° 177 : Jacques Melher, Emmanuel Dupoux, *Naître humain*
N° 178 : Gérard Apfeldorfer, *Les Relations durables*
N° 179 : Bernard Lechevalier, *Le Cerveau de Mozart*
N° 180 : Stella Baruk, *Quelles mathématiques pour l'école ?*

N° 181 : Patrick Lemoine, *Le Mystère du placebo*
N° 182 : Boris Cyrulnik, *Parler d'amour au bord du gouffre*
N° 183 : Alain Braconnier, *Mère et Fils*
N° 184 : Jean-Claude Carrière, *Einstein, s'il vous plaît*
N° 185 : Aldo Naouri, Sylvie Angel, Philippe Gutton, *Les Mères juives*
N° 186 : Jean-Marie Bourre, *La Vérité sur les oméga-3*
N° 187 : Édouard Zarifian, *Le Goût de vivre*
N° 188 : Lucy Vincent, *Petits arrangements avec l'amour*
N° 189 : Jean-Claude Carrière, *Fragilité*
N° 190 : Luc Ferry, *Vaincre les peurs*
N° 191 : Henri Broch, *Gourous, sorciers et savants*
N° 192 : Aldo Naouri, *Adultères*
N° 193 : Violaine Guéritault, *La Fatigue émotionnelle et physique des mères*
N° 194 : Sylvie Angel et Stéphane Clerget, *La Deuxième chance en amour*

Cet ouvrage a été transcodé et mis en pages
chez Nord Compo (Villeneuve d'Ascq)

Imprimé en France sur Presse Offset par

La Flèche (Sarthe) - le 17-12-2007

N° d'impression : 44813
N° d'édition : 7381-2037-X
Dépôt légal : janvier 2008
Imprimé en France